Alain Lequien

Bourguignon la Passion

En cheminant vers *Compostelle*

102 jours de marche, 2 587 km, sac à dos

11 jours, hospitalier au Puy-en-Velay

www.bourguignon-la-passion.fr   www.alain-lequien.fr

© 2024 Alain LEQUIEN
Édition : BoD • Books on Demand GmbH, In de
Tarpen 42, 22848 Norderstedt (Allemagne)
Impression : Libri Plureos GmbH, Friedensallee 273,
22763 Hamburg (Allemagne)
ISBN : 978-2-3225-5674-8
Dépôt légal : Août 2024

À *Pauline*, l'amour de ma vie
À mes fils *Cédric, Yannick, Frédéric*
À mes petits-enfants et arrière-petits-enfants
À mes *compagnons de route* lors de mes cheminements
À mes *amis* partageant mon goût du sensible et de l'humanisme
À *Morgane Blomme-Petton* pour la qualité de son illustration
Merci.

Note de l'auteur

Bonjour chères lectrices, chers lecteurs,

Lors de mes cheminements vers Saint-Jacques-de-Compostelle, ou sur la Francigena vers Rome, j'ai pris conscience de l'importance de notre échappée initiale de 1965 (j'avais 16 ans, Nathan, 17). Notre projet utopique consistait à rejoindre un kibboutz en Israël. Hélas, au bout de 56 jours, ce rêve utopique s'est arrêté brutalement à Izmir (Turquie).

Cheminant vers Compostelle, j'ai revisité ma vie, mes souffrances, mes blocages, parfois ma haine des adultes, des religieux... Descendu dans ma grotte intérieure, j'ai découvert celui que je suis au fond de moi-même. Désormais, avec Pauline, mon étoile, avec mes frères, je suis serein, apaisé. Le mot « *Amour* » a pris tout son sens.

Au fil de ces millions de pas, les souvenirs ont resurgi, été consignés, j'ai assumé. Libéré, j'ai pu reconstituer et regarder en face le puzzle de ces premières années de vie pénible, sans amour. Elles sont transcrites dans *Destins croisés,* un ouvrage d'espoir pour ceux n'ayant pas eu la chance d'être entourés d'une famille aimante.

Ce troisième cheminement de quatre mois, le plus long effectué vers Santiago et Fátima, se trouve dans la continuité de notre parcours initial, cinquante années plus tard. Il est aussi le rebond de mon accident de l'année précédente. Ayant perdu pied au bord d'un ravin près de la Motte-du-Caire (Alpes-de-Haute-Provence), je m'en suis tiré avec une cheville et la clavicule cassées. J'ai vu apparaître le spectre de la fin possible de mon existence. Ce signe du destin fut les prémices que le temps de la transmission était venu.

Dans mes échanges avec mes lecteurs ou lors de conférence, il m'est souvent posé la question de l'*élément déclencheur* m'ayant décidé à cheminer vers Compostelle.

En 2011, j'effectuais une randonnée en montagne avec l'un de mes petits fils de onze ans. Non loin de notre refuge du soir, il souhaita faire trempette dans un petit lac. Nous avions le temps. J'ai accepté, sachant que l'eau fraîche le pousserait à ressortir rapidement.

Il me rejoignit vite. Assis, pour la énième fois, nous parlons des projets d'avenir. Ceux-ci évoluaient au fil du temps. Il me montra le ciel, là où apparaissaient les premières étoiles.

« C'est là-haut que je veux aller », me dit-il.

Se tournant vers moi, il me renvoya ma demande. Surpris, je lui répondis en regardant les étoiles que ma vie était déjà bien remplie, mais que j'aimerais bien aller vers le *champ des Étoiles* qu'on appelle *Compostelle*. Il me questionna. Je lui racontai succinctement l'histoire de Jehan le Tonnerre dans *Les Étoiles de Compostelle* d'Henri Vincenot, un auteur que j'ai eu l'honneur de connaître, bien des années auparavant.

Fasciné, il me demanda pourquoi je ne réalisais pas ce projet. N'ayant pas bien réfléchi, mes explications furent peu convaincantes. Il me proposa : *« Papy, si tu veux, on le fait ensemble. »*

De nouveau pris de court, je lui répondis : *« Pourquoi pas ? »*.

C'est ainsi qu'après lui avoir offert ce livre, pendant plusieurs mois, nous avons randonné jusqu'à 15/20 km dans la journée. Nous avons aussi taillé nos bâtons de marche.

Au mois d'avril suivant, nous effectuons tous les deux les cinq premières étapes, de Vézelay à Nevers. Retournant à l'école, je l'ai ramené à Dijon (la fin des vacances). J'ai continué ce que nous avons commencé. Vous connaissez la suite.

Bonne découverte de ce vécu.

Alain

Mon troisième parcours

Jacquet, Cheminant, j'ai parcouru totalement, à huit reprises, les voies de Compostelle entre 2012 et 2020, effectuant en plus de 600 jours, plus de 18 000 km, plus de 27 millions de pas.

Avec ce carnet de voyage, j'ai le souhait de partager le vécu de mon périple. Avec ses forces (les belles rencontres, la spiritualité, le partage, la nature, le bien-être...), mais aussi ses faiblesses (les difficultés, les coups de gueule, les mauvais comportements...).

Je l'ai rédigé à partir de mes notes de voyage, pour en garder toute la saveur du moment. Le ressenti d'un jour est différent de la journée du lendemain, ma perception évoluant au fil du temps. Si je personnalise mon parcours, c'est que chacun de nous se découvre sur son chemin, par essence personnel, différent de celui de nos compagnes ou compagnons de route.

« Cheminant », ce terme me convient mieux que celui de pèlerin. Par nature tolérant, j'accepte sans restriction toutes les croyances, y compris son absence affirmée. Le Chemin est un parcours de bienveillance, d'humilité, d'enrichissement qui fait grandir. À chaque départ, nous revenons différents. Du moins, c'est ce que les autres nous disent, nous renvoient.

Ayant inclus environ 350 clichés, vous pouvez en consulter plus d'un millier d'autres sur mon blog : *www.bourguignon-la-passion.fr —* onglet 2015.

Ci-dessous, vous trouverez les tracés de ce cheminement. En chemin, j'ai découvert la *Ruta Maritima,* la *variante spirituelle* avec la traversée de la baie d'Arousa en bateau. Un moyen de revivre symboliquement l'arrivée légendaire de la dépouille de Jacques le Majeur à Iria Flavia, l'actuel Padrón. Deux arrivées dans la même année dans la cité galicienne de Santiago.

À très bientôt,

Alain Lequien, dit Bourguignon la Passion
a.lequien@yahoo.fr

Mon premier parcours de Genève à Santiago, par Le Puy-en-Velay (11 jours hospitalier), Arles, Toulouse, le col du Somport, Puente-la-Reina, San Sebastian, Oviedo, Lugo, Melide.

Dans la continuité, **mon second parcours de Fátima** (à partir de Lisbonne) à Santiago, par Coimbra, Porto, Pontevedra, La *Ruta Maritima*, Padrón.

La via Gebennensis : Genève - Le Puy-en-Velay

1 : Saint-Julien-en-Genevois, La Forge/Verrières, 8 km

13 h. Me voilà prêt à repartir sur le Chemin de Compostelle. Un vrai plaisir tant mes pieds me démangeaient depuis que ma cheville et ma clavicule cassées l'an dernier sont opérationnelles. J'ai choisi d'effectuer mon cheminement à *l'ancienne*, une dépense moyenne de 30/35 € par jour.

Ma réflexion du jour : « *L'important n'est pas de convaincre, mais de donner à réfléchir.* »

Je rejoins Genève en covoiturage pratiqué souvent comme chauffeur, en me déplaçant pour dispenser des cours de management. Blablacar m'a même nommé ambassadeur. (Sourires, belle promotion !)

Jean-Pierre et son épouse me prennent en charge à la gare de Dijon. Il privilégie les routes à l'autoroute. Un moyen de redécouvrir le parcours franc-comtois par Dole, Poligny (salut, Bruno), Les Rousses, Gex, St Julien. Un parcours avec des personnes sympathiques.

À 17 h, nous arrivons à Saint-Julien-en-Genevois (à la frontière suisse) où ils demeurent. Dans la cité, aucune trace visible du tracé, il n'y passe pas. Visite de l'église moderne n'ayant pas la saveur des vieilles pierres. Dans un café, le propriétaire me dit que sa femme est galicienne. Un étonnant présage, je penserai à elle à Santiago.

Première photo avec un vieux monsieur bardé de médailles. Ah oui ! Nous sommes le 8 mai, je comprends pourquoi. Je ne passe pas inaperçu avec mon bâton, mon sac et mon grand chapeau à l'Indiana Jones.

Début de la marche. Je suis obligé de demander ma direction à plusieurs reprises, le fléchage est absent. Mes huit premiers kilomètres sont parcourus sous un ciel couvert. Il ne pleut pas, il fait lourd.

Les signes jacquaires apparaissent : en haut d'un arbre, un Saint-Jacques taillé à La Forge. Devant le camping, un Saint-Jacques bien étrange. Sur le parcours, des klaxons de bienvenue. Les Savoyards sont cools.

Arrivée vers 18 h 30 chez mes hôtes. L'accueil est simple, celui de montagnards partant le lendemain dans le Queyras (Hautes-Alpes).

Bonne douche, un dîner sans chichi où nous parlons de montagne.

À 20 h 30, dans la chambre, je tape ce texte et travaille les quelques photos du jour. C'est le démarrage, je suis un diesel...

2 : Verrières, Pomier, Mont Sion, Chaumont, 28 km (36 km)

Départ très matinal, mes hôtes rejoignent leur randonnée vers 11 h. Petit-déjeuner simple et rapide. Tout commence par une montée raide suivie de champs. Le sentier est boueux. Premier petit village, Beaumont, où se trouve une belle fresque murale.

Petit mot de Gandhi : *« Le courage n'est rien sans la sérénité. »*

Traversant une forêt, je découvre un Saint-Jacques de belle facture. Moment de repos bien utile, après la gadoue du début de journée. Je découvre la Chartreuse de Pomier, fondée vers 1170[1]. Durant deux siècles, elle fut agrandie et administrée par les Chartreux. Ils possédaient de nombreuses vignes et moulins jusqu'à Genève. Pour exploiter leurs biens, ils faisaient appel à des *albergataires,* leur payant leurs droits en espèces ou en nature.

Lors de la Réforme protestante de 1535, qui mit à mal les États du duc de Savoie, elle est épargnée. Cependant, vers 1588, la maison subit des dépravations. À partir de 1780, les idées révolutionnaires pénètrent en Genevois. Les Chartreux voient leur prestige baisser, accusés d'exploiter *« les mangeurs de sérac »*, les petites gens. Une trentaine de serviteurs sont encore présents lors de la Révolution française pour s'occuper des champs et des animaux.

En 1792, le couvent est occupé par les membres de la commune libre de Carouges. Dès 1793, les moines se réfugient dans le Piémont. Le couvent est racheté par un dénommé Aguimac pour 74 480 livres. Il installe une *indiennerie* (fabrique de toiles peintes), puis une fabrique de faïence, enfin une brasserie à bière. En 1884, Jérémie Girod rachète les lieux pour les transformer en hôtellerie. Elle recevra de nombreux hôtes de marque comme le futur Jean XXIII ou Jacques Chirac. De nos jours, elle conserve une vocation d'accueil.

À Présilly, rencontre de mon premier marcheur, un policier de Munich parti depuis quatre semaines. Nous marchons de pair pendant une bonne heure. Plus rapide, il poursuit seul.

---

[1] Abel Jacquet, *Sur le versant de Salève – la Chartreuse de Pomier.*

Nous ne nous reverrons plus. *« Rien ne sert de courir »*, telle est ma devise. Peu après, rencontre sympathique d'une belle cavalière, l'occasion de parler de l'élevage des équidés dans la région.

Au col du mont Sion, je suis doublé par un autre marcheur. Moins sympathique, à moins qu'il ne soit plongé dans son trip, je n'ai aucune réponse à mon simple bonjour.

À Contamine-Sarzin, découverte d'un étrange oratoire réalisé en pierres. Un bien bel ouvrage sans beaucoup de moyens. Dans un hameau, je demande de l'eau à un jeune couple qui me remplit ma gourde. Elle est bien fraîche, il fait très chaud.

J'arrive au gîte d'étape de Chaumont. Nouvelle rencontre avec Claude, un grand sportif. Notre conversation tourne autour de la course à pied, étant moi-même un ex-marathonien. Coureur d'ultra-fond, il accomplit des 100 km (13 heures) et des courses de 24 heures (193 km). Depuis deux ans, il ralentit la compétition, sentant l'arrivée de l'âge de la retraite sportive. Les valeurs de compétition prennent un aspect plus cool. *« D'ici quatre ans,* me dit-il, *j'envisage de suivre ton Chemin. »* Son état d'esprit évolue. Il se pose d'autres questions sur la vie en général, la sienne en particulier. Il sait qu'il lui faudra faire le deuil de ce qu'il a été, de ce qu'il ne sera plus. Je le comprends d'autant mieux que j'ai vécu cette même transformation dans les années 90'. Du siècle dernier, bien entendu.

3 : Frangy, Pont sur le Fier, Serrières, 28 km (64 km)

À 7 h, nous quittons le gîte. Claude continue vers Annecy alors que je poursuis vers Le Puy-en-Velay. Ainsi va la vie ! Après la rencontre, chacun reprend le cours de sa vie. Peu de temps après, j'ai reçu son SMS sympathique.

Mon proverbe chinois du jour : *« Si tu veux être heureux pendant une heure, fais la sieste. Si tu veux être heureux pendant une journée, va à la pêche. Si tu veux être heureux toute ta vie, aide ton prochain. »*

Le temps est si beau qu'au bout de quelques centaines de mètres, je retire mon k-way. En fait, il ne se passe rien de spécial, sinon les chants d'oiseaux, un avion passant dans le ciel...

Après une grande descente sur un chemin de terre, j'arrive à Frangy, petite cité commerçante. J'en profite pour me recharger en carburant monétaire bien utile pour payer mes frais. Dans les gîtes, il n'est pas question de carte bancaire.

Mon cheminement se poursuit ainsi avec quelques rencontres. Ici, un vieux monsieur au pas rapide et décidé avec son bâton. Là, trois vététistes un peu paumés avec leurs cartes. Plus loin, un tracteur retirant des ronces sur le bas-côté. Puis, un quad portant un parasol... En passant devant une maison, j'entends une musique forte : sur des tables dans la cour, des boissons fraîches. Cela me donne soif. J'en profite pour me désaltérer avec ma poche d'eau. La vie, quoi...

J'arrive sur le pont passant sur le Fier, la frontière entre la Haute-Savoie et la Savoie. Il est midi passé, il fait très chaud. Je m'arrête devant un restaurant. J'ai faim et pas grand-chose dans le sac. Mon imprévision me joue parfois des tours... Je m'autorise une salade landaise et du coca bien frais. Ne rigolez pas amis bourguignons. Quand on marche, pas question de boire du vin. Je ne passe pas inaperçu avec ma dégaine et mon bâton aux couleurs rouge et blanches. Une femme et sa fille viennent échanger. Elles ont marché du Puy à Moissac. Un bon souvenir.

Je reprends la route sans traîner. Un peu plus loin, une grande famille attablée autour d'un camping-car me propose un café. J'accepte avec plaisir. Nous échangeons sur le Chemin, le compagnonnage (l'un d'eux est compagnon), le sport... le temps passe vite. Il faut repartir.

Il fait très chaud. Dans une montée, rencontre d'un couple ayant sillonné la voie du Puy. Ils ont apprécié leur expérience. En repartant, je me dis que le jour où j'arrêterai, une nouvelle petite mort m'attend, comme celle vécue en stoppant le marathon. Il faut s'y préparer...

Après plusieurs kilomètres sur une grande route (ah ! ces bagnoles et motos qui foncent, pour gagner quelques minutes), j'arrive au camping de Serrières-en-Chautagne. Je suis accueilli par une agente martiniquaise qui me place dans un Mobil-home. C'est l'occasion de parler de la *Madinina*, l'Île aux fleurs, là où est née mon épouse.

Le soir est calme : une petite bière, une salade de saumon. La fatigue et la chaleur du jour prennent le dessus sur ma volonté. Morphée m'accueille sans tarder.

4 : Ruffieux, Chanaz, Yenne, 28 km (92 km)

Le temps est frais, le soleil apparaît timidement derrière les nuages du matin. Petit café au seul bar du coin.

Mon proverbe chinois du jour : *« Si ce que tu as à dire n'est pas plus beau que le silence, alors tais-toi. »*

Sans traîner, je reprends ma pérégrination par de longues allées de terre blanche tassée. Que dire de ces premières heures ? Pas grand-chose sinon le chant des oiseaux, le caquètement des canards. Personne en vue. Vers Pont de La Loi, un petit pont de bois surplombe une minuscule rivière. Arrêt-buffet du matin. Un hélicoptère vert et blanc tourne à plusieurs reprises sur le Rhône et les forêts environnantes. Son bruit est malvenu, en volant bas.

J'arrive au bord du canal allant vers Chanaz. Une légende raconte qu'il aurait été creusé en une nuit pour permettre à une princesse de Châtillon de rejoindre sans encombre son bien-aimé, un gentilhomme du Bugey. Je rencontre Raul, un pèlerin mexicain vivant en Allemagne. Il a des problèmes de genoux. Il veut effectuer 35 km par jour, une folie d'autant qu'il est surchargé. Il commence à en payer les conséquences.

J'arrive à Chanaz, une petite station accueillante et touristique. Maisons sur pilotis, les pieds dans l'eau, petits ponts, restaurants au bord de l'eau, tout cela ressemble à une carte postale pour chalands au portefeuille bien fourni. Pas pour le pauvre cheminant, voulant rester dans l'humilité.

Revenant des provisions, je retrouve Raul cherchant un endroit pour dormir. Je mets à son service mon anglais franchouillard pour l'amener à la maison du tourisme. Il dormira au camping, ce soir.

Qui a dit que cheminer vers Compostelle était une simple balade ? Il y a des moments forts, mais aussi, avouons-le, des moments plus difficiles. Il faut savoir les accepter. Je lui donne l'adresse de la halte jacquaire du Puy où je serai du 21 au 31 mai. Au cas où...

J'entreprends une montée raide à travers un bois surplombant un ancien moulin à grande roue à aubes en bois fonctionnant toujours. Je marche tranquillement de mon pas de sénateur sur des petites routes ou des chemins plus ou moins pierreux.

À la chapelle d'Orgeval, un oratoire fut bâti en 1845 par les habitants de Landard, pour demander la protection de la Vierge. J'y rencontre deux marcheurs torse-nu faisant sécher leur linge. Buvant du vin, il m'en offre un verre que j'accepte. Pas de commentaire sur sa qualité indéniablement différente de nos vins bourguignons... C'est le geste qui compte. Ils repartent vite.

Je reprends la route, ma destination est encore lointaine.

Désormais, je traverse des vignes où s'affairent de nombreux ouvriers entretenant les ceps. Ils arrachent les mauvais rejetons, mais je laisse mes amis vignerons faire les commentaires appropriés. Ne jamais s'engager sur des chemins brûlants.

Je rejoins les bords de la déviation du Rhône pour arriver à Yenne. De l'autre côté, c'est l'Ain, « *la France où l'on va travailler* », me dit le patron du camping où je loge ce soir. Cent cinquante ans après le rattachement de la Savoie à la France, les anciens réflexes demeurent. Lors de la rédaction d'ouvrages[2], je suis déjà passé par ici. Yenne est aussi la patrie du gâteau de Savoie. Son origine remonterait au bâtard Pierre de Yenne qui le fit servir au comte Vert de Savoie aux alentours de l'an de grâce 1348.

Ce soir, je dors dans une yourte à quatre places, une expérience à découvrir. J'y rencontre Robert, un membre de la Fédération française de randonnée venu reconnaître le balisage du GR9 qui cohabite un moment avec le GR65, la voie du Puy-en-Velay. Nous mangeons dans un kebab, il n'y a pas grand-chose d'ouvert. L'occasion de mieux nous connaître, demain, nous cheminerons ensemble ? C'est déjà un autre jour...

5 : Col Mont-Tournier, Les Chamois, 17 km (109 km)

Ma pensée du jour : « *Chaque être crie en silence pour être lu autrement* ». (Simone Weil)

Il est déjà tard lorsque nous prenons la route après avoir pris notre café bu au bar du coin. La nuit dans la yourte fut revigorante, fraîche, si bien qu'il fallut rajouter une couverture sur le sac de couchage.

Tout commence par une montée raide sous un soleil déjà présent.

Notre première halte est pour Notre-Dame de la Montagne, une petite chapelle surplombant la cité. Elle fut construite lors de la fièvre des Savoyards à la suite du rattachement de la Savoie à la France en 1860. La statue de cette Vierge fut réalisée par l'artiste qui réalisa celle de La Fourvière de Lyon. Les habitants pensaient qu'elle protégerait la cité à la suite des incendies de 1840 et de 1850.

Cet arrêt fut le bienvenu pour reprendre son souffle, et quitter le k-way.

---

2 Alain Lequien, **Les mystères de Savoie**, **Les mystères de l'Ain**, Éditions de Borée.

Nous montons toujours, avec parfois, des faux plats. Arrivés à un surplomb, nous lisons une information disant qu'en face, en France selon les habitants de Yenne (Ain), se trouve le tombeau de Pierre Boisson. Né en 1819, ce personnage rêvait d'Amérique. Adolescent, il quitta la région pour s'embarquer à Marseille sur un voilier vers le Mexique. Il fit fortune comme dentiste. Revenu en 1875, il demanda à être enterré dans sa terre natale. Les autorités locales le lui interdirent, il était franc-maçon. Il fit ériger un monument de l'autre côté du Rhône pour regarder sa ville natale. Sa construction dura cinq ans. Il fallut transporter les matériaux sur une barque, puis les porter à dos d'homme.

Nous arrivons à un nouveau promontoire où nous découvrons, sur l'autre rive du Rhône, la Chartreuse de Pierre-Châtel de Virignin (Ain). Surnommé jadis *Castrum Petra*, ce piton servit de base à la construction d'une maison forte utilisée par les Princes de Savoie[3]. En 1383, elle fut transformée en monastère par les Chartreux. Assiégés par les Autrichiens en 1814, ils ne purent s'en emparer. Entre 1840 et 1850, un fortin fut construit. Avec la réunion de la Savoie à la France, le lieu perdit sa vocation stratégique.

Par moment, le sentier est raide. Très bon marcheur, Robert le gravit allégrement alors que je souffre. Il m'attend de temps à autre, mais cela doit être pesant pour lui.

Nous découvrons une croix taillée dans un ancien menhir. Pesant près de 700 kg, elle faisait partie d'un groupe ternaire, les autres ayant disparu. Cet ancien lieu de pèlerinage est encombré de feuillus.

Un peu plus loin, une énorme pierre qui roule, censée cacher un trésor. On n'y accède qu'entre les douze coups de minuit, le soir de Noël. Gare à celui restant au-delà de ce temps pour récupérer le maximum de pièces d'or. Il risquait d'y rester enfermé toute une année. Cette légende est présente dans de nombreuses régions de France.

Le soleil tape toujours. Alors que nous nous échangeons sur les croix des pèlerins décédés sur le Chemin de Compostelle, nous tombons sur une stèle datant de 2008 avec la mention Ultreïa ! Le signe de ralliement des jacquets.

3 Alain Lequien, *Les mystères de l'Ain*, Éditions de Borée.

Ainsi, ici, comme l'a voulu Molière : *« Mourir en jouant sur une scène, un pèlerin (ou une pèlerine) est décédé en marchant vers le Chemin des étoiles »*. Belle destinée.

Nous arrivons au mont Tournier que nous contournons avant de nous rendre aux Chamois. Robert y a réservé sa nuit. J'y fais halte, même si son coût est plus élevé que mes prévisions. Après la nuit de la yourte d'hier... L'accueil est chaleureux, l'endroit digne d'une chambre d'hôtes même s'il est classé en gîte. Le dîner est class, en compagnie d'un Suisse allemand et d'un Allemand.

6 : Saint-Genix, Les Abrets/Juvenan, 27 km (136 km)

Mon sommeil a été réparateur. Je suis en forme pour aborder la suite de mon cheminement. Il est vrai que de ma fenêtre, j'aperçois un paysage comme je les aime : vallonnés, verts, un ciel radieux, bref, une envie de m'ébattre dans les alpages.

Ma pensée du jour : *« À force de sacrifier à l'essentiel pour l'urgent, on finit par oublier l'urgence de l'essentiel »*. (Edgar Morin)

Après le petit-déjeuner solide, nous marchons de concert quelques centaines de mètres. Au village, je me dirige vers Saint-Genix-sur-Guiers, Robert continue vers la Chartreuse par le GR9.

Merci, Robert d'avoir été un compagnon attentionné.

À mi-chemin de la cité, un paysan a mis à la disposition des marcheurs dans une grange du café, du thé, et des coquilles Saint-Jacques à placer sur le sac. Tout cela pour quelques euros. Passant devant une chambre d'hôtes, trois dames attablées me proposent de boire un café. Je l'accepte avec plaisir.

Saint-Genix, la cité de Louis Mandrin, le célèbre capitaine des contrebandiers savoyards qui lutta contre les Fermiers généraux de Louis XV. J'ai toujours espoir d'écrire un jour un ouvrage à son sujet, tant il représente à mes yeux le prérévolutionnaire type.

L'histoire légendaire de la ville est liée à Agathe, une jeune chrétienne née en Sicile, martyrisée pour avoir repoussé les avances du proconsul. Elle fut condamnée à avoir les seins coupés. Contrairement aux attentes de son bourreau, ils repoussèrent miraculeusement.

Direction les Abrets. Après quelques kilomètres, un banc accueillant me permet de manger après la montée raide. Le ciel est dégagé, le temps lourd. Sous un arbre, je m'allonge et... m'endors. Je suis réveillé par l'arrivée d'un tracteur.

Je trouve alors un message réalisé sur bois d'Alain et Florentine qui me décide à me rendre à leur accueil.

Bien m'en prit. L'accueil est chaleureux. Mes hôtes consacrent les recettes de l'accueil jacquaire à la formation d'une quinzaine de jeunes à Madagascar, pays d'origine de Florentine. Je dors dans la chambre de la grand-mère absente.

Le repas du soir conséquent est pris en compagnie de mes accueillants et d'un couple ardéchois et de leur fille venus en chambre d'hôtes. Le prix pèlerin est adapté à la bonne cause qu'ils défendent. Je vous recommande cet accueil généreux.

7 : Valencogne, Le Pin, Le Grand-Lemps, 25 km (161 km)

Après le petit-déjeuner, et la photo de Florentine sur le pas de sa maison, départ vers ma nouvelle étape.

Ma pensée du jour : « *Dureté et rigidité sont compagnons de la mort, fragilité et souplesse sont compagnons de la vie.* » (Lao-Tseu)

Passage à Saint-Ondras où je suis doublé par un couple participant à un rallye pédestre. En arrivant à l'entrée de Valencogne, les bénévoles qui tiennent le ravitaillement m'offrent boisson et nourriture. À la sortie du village, à la croisée d'une route, un Saint-Jacques de belle prestance. Encourageant pour le Chemin !

Direction Le Pin. Je passe près du lac de Paladru. Je n'ai pas le courage d'aller me tremper les pieds. Des agriculteurs y vivaient 2 700 ans av. J.-C., dans un village néolithique. Au Pin, petit arrêt de boisson bien fraîche, on ne se refait pas. Belle grimpette pour atteindre l'ancienne chartreuse de la Sylve-Bénite fondée en 1116. Non visitable, on l'entr'aperçoit au-dessus des murs.

Arrêt-repas en forêt. Je suis dérangé par l'arrivée de cavaliers s'installant bruyamment. Je préfère m'éloigner pour rejoindre Oktar, le pèlerin suisse rencontré aux Chamois. Nous nous rendons à l'accueil jacquaire. Après un parcours saute-mouton, nous arrivons au Grand-Lemps. Cette petite cité accueillit des artistes comme Pierre Bonnard issu du cru, Alfred Jarry. Lamartine rendit visite à son ami de collège, Aymon de Virieu, sa famille possédant le château. Il y écrivit l'un de ses plus célèbres poèmes, *Le Vallon*.

Nous sommes accueillis par Line et Paul. La soirée se passe avec des échanges intéressants. Oktar étant avocat, nous échangeons sur le droit de nos deux pays. Un nouvel enrichissement sur un sujet fort concernant la justice des hommes que je rends aux prud'hommes.

8 : La Côte-Saint-André, Faramans, Pommier-de-Beaurepaire, 28 km (189 km)

Il y a des angoisses à dépasser. Ce soir, je dépasserai les 170 km de mon accident de l'an dernier, qui faillit mal tourner. Sur le *Via Domitia* (voie Domitienne) reliant Briançon à Arles, je suis tombé sur le bord d'un ravin, m'en tirant avec une cheville et une clavicule cassées.

Ma réflexion du jour : « *Le véritable voyage de découverte ne consiste pas à chercher de nouveaux paysages, mais à avoir de nouveaux yeux.* » (Marcel Proust)

Il fait gris et frais. Oktar prend son temps pour se préparer. Je pars devant. Je ne l'ai pas revu. Nous nous croisons, nous marchons ensemble pendant quelques heures, nous partageons gîte et couverts, nous nous perdons, et peut-être qu'un jour, nous nous retrouverons.

À la sortie du Grand-Lemps, la décoration murale de La Fée verte attire mon attention. Le dessinateur-peintre est génial : il a su donner vie et beauté à des scènes quotidiennes.

Le parcours est plat, sans intérêt majeur. En passant dans un village, une étrange tour de brique accolée à l'église ? Vers Gilonnay se trouve le partage entre deux voies. L'une part en direction du Puy-en-Velay, l'autre, à gauche, vers Arles par Saint-Antoine-l'Abbaye. Ce choix est marqué par le cube géant de *l'Association des Amis de Saint-Jacques Rhône-Alpes,* gestionnaire du Relais Saint-Jacques au Puy-en-Velay où je serais hospitalier durant onze jours.

À midi, j'atteins La Côte-Saint-André, ville natale d'Hector Berlioz. Il quitta la cité vers 18 ans pour devenir le musicien de génie que nous connaissons. Il y composa à 12 ans ses premières romances. La cité abrite aussi le château de Louis XI et des halles médiévales.

Le temps se gâte, il se met à pleuvioter. Le vent commence à souffler, remettre le k-way est de rigueur. Un Saint-Jacques me salue en passant. J'arrive au camping de Faramans, juste à temps pour me réfugier le temps d'une grosse averse.

Je repars vers Pommier-de-Beaurepaire. Le trajet est pénible : pluie, vent par rafales, bref désagréable. En arrivant, je me réfugie dans l'église pour attendre mes hôtes. Il n'est pas rare que ceux demeurant hors du parcours viennent nous récupérer pour passer la nuit et nous redéposer au même endroit le lendemain.

Lorsqu'Évelyne arrive, je suis frigorifié... Accueil bienveillant de mes hôtes, Évelyne et Max, autour d'un repas copieux et d'une ambiance chaleureuse. Cette étape est l'occasion de découvrir le travail de forestier, de recherche de contrat des paysans comme complément à leurs activités agricoles. Une approche de la dureté du travail manuel cassant les reins que nous, urbains, nous ne mesurons pas.

La journée a été rude, je ne traîne pas trop. Après la tisane, le lit confortable me tend ses bras. Je ne me fais pas prier.

9 : Revel, Assieu, Saint-Alban-du-Rhône, 32 km (221 km)

Max me dépose sur la route. Le temps est humide et frais. Notre conversation d'hier soir m'a ouvert l'esprit, donnant du contenu aux échanges actuels avec Noël-Jean, dans la *Commission éthique au travail* à laquelle nous participons. Hasard de la rencontre ?

Ma pensée du jour : « *Nous sommes composés de nature et d'aventure.* » (Jacques Maritain)

Le cheminement débute par des sentiers boueux, suivis de routes goudronnées ou pierreuses, longeant la ligne de TGV. Après le passage sous le pont, un marcheur me double. Nous ne pouvons pas échanger, il est malentendant. Il marche vite malgré son énorme sac.

Au croisement, je choisis la variante passant par la forêt de Taravas-Champuis, nom donné en l'honneur du dieu protecteur gaulois Taranis, assimilé au dieu du tonnerre Vulcain. Jadis, il y avait de nombreux loups. Les sentiers sont défoncés par les travaux forestiers. Aujourd'hui, aucune activité humaine.

Quelques kilomètres plus loin, alors que je mange une pomme, un jeune couple suisse arrive. Nous cheminons ensemble pendant plusieurs kilomètres avant de retrouver la direction de Bellegarde.

À Assieu, nouvelle boisson fraîche dans un bar. J'y déjeune, car il sert un repas ouvrier peu onéreux et consistant. C'est l'occasion de répondre aux questions des gens du cru sur ma marche.

Je reprends mon parcours vers Auberives-sur-Varèze et Clonas-sur-Varèze que je traverse rapidement. Ayant marché une trentaine de kilomètres, je reporte ma traversée du Rhône au lendemain.

Je me dirige vers la maison de Colette et Jean-Pierre, à Saint-Alban-Rhône. Ces accueillants sont charmants. Lui est un ancien officier supérieur de marine de 85 ans, Colette est plus jeune.

J'y trouve Édith, une pèlerine suisse avec qui je continuerai.

10 : Chavanay, Bourg-Argental, 25 km (246 km)

La pensée du jour est de Gilbert Cesbron : « *Qu'est-ce que réussir ? Remplir son contrat avec la société s'appelle la réussite ; avec les siens le bonheur ; avec Dieu la sainteté.* »

Après le petit-déjeuner copieux, nous traversons le Rhône par le pont routier venteux de Chavanay. Il faut se tenir à la barre du pont.

À Chavanay, nous entrons dans le département du Rhône. Dans cette petite cité vinicole de Côtes du Rhône, le raisin pousse sur des terrasses de culture aux nombreuses pierres sèches.

Après le retrait d'argent au distributeur, je retrouve Édith et le couple suisse. Nous entamons la montée vers la chapelle du Calvaire restaurée depuis quelques années. Le panorama sur les petites cités environnantes et le Rhône est magnifique sous un soleil hésitant. Il faut redescendre parmi les vignes vers Bessey.

Je me retrouve seul, le jeune couple s'est éloigné, Édith reste en arrière. Rencontre d'un couple âgé accompagné de leur gros chien. L'homme, un Alsacien, porte une bouteille d'oxygène dans son sac à dos relié à un tuyau pour lui permettre de respirer tout en marchant lentement. Nous parlons de nos difficultés de la marche. Elles sont sans commune mesure de celles de cet homme courageux.

Dans une descente rapide pierreuse, je croise un couple de vététistes. Les vergers ont remplacé les vignes. De loin, j'aperçois Édith marchant à grands pas. Je ralentis pour lui permettre de me rejoindre.

Près de Saint-Appolinard, une vieille dame nous propose de l'eau. Ma cheville gauche étant très gonflée (celle réopérée), elle m'amène une bassine d'eau fraîche pour la faire tremper. Cela me fait beaucoup de bien. Nous sommes dimanche, il n'est pas possible d'acheter des provisions. Généreusement, elle revient en nous donnant un morceau de pain. Qui a dit que les gens ne sont pas bienfaisants ?

Nous entamons la montée vers la Croix de Sainte-Blandine, près de 300 mètres de dénivelé positif. Le soleil brille, il fait chaud. Alors qu'Edith grimpe facilement, je reste à la traîne. Un couple d'une quarantaine d'années arrive à mon niveau. Ils ne font qu'un aller et retour vers le col. Nous échangeons sur Compostelle. La femme sort du sac un paquet de gâteau qu'elle m'offre. C'est le jour... Je le partage avec Édith devant le gîte où elle devait s'arrêter. En fait, elle attend toujours la réponse de l'accueillant.

Pour ma part, je continue jusqu'à Bourg-Argental malgré la taille de ma cheville douloureuse. Je téléphone à mes hôtes du soir, Christiane et Jean-Paul, en leur proposant d'accueillir aussi Édith. Ils sont d'accord. Nous repartons. En route, nous croisons Jean-Paul en voiture, venu récupérer Andréa, une jeune Suissesse en difficulté. Nous montons à bord.

Nous passons une très bonne soirée avec des personnes très engagées dans la relation à l'autre. Un moment d'une grande qualité.

11 : Montfaucon-en-Velay, Tence, Araules, 26 km (272 km)

Pensée du jour (Bertrand Vergely) : *« Il y a des larmes plus douloureuses que celles que l'on pleure ; ce sont celles que l'on n'arrive pas à pleurer. »*

Je suis dans une grande interrogation ce matin. Dans trois jours, je serais hospitalier au Puy-en-Velay. Il me reste environ 90 km à parcourir. 30 km par jour, ce n'est pas une difficulté en temps normal. Mais, avec cette fichue cheville enflée ? Je dois éviter de me mettre en embarras pour la suite de mon cheminement.

La solution est de rejoindre Montfaucon-en-Velay en raccourcissant le trajet d'une trentaine de kilomètres. Ce n'est pas dans ma logique, mais la situation me semble être un cas de force majeure. La seule possibilité, du fait de l'absence de transport en commun, est de faire de l'auto-stop. Cela me rappellera le temps de ma jeunesse.

Jean-Paul me dépose à la sortie de la cité. Quelques minutes plus tard, un jeune homme me prend en charge. Ses parents ont cheminé vers Compostelle. Une vraie chance. Il fait un détour pour me déposer à 6 km de Montfaucon. Là, je remonte la longue côte face aux voitures. Ce n'est pas très prudent, mais il faut faire avec. Non loin de l'entrée de la cité, un minibus s'arrête. Le chauffeur me fait signe de monter pour me déposer en centre-ville où passe le Chemin de Compostelle.

À l'arrivée, j'entame la voie vers Tence, passant sur des petites routes, des sentiers herbeux ou terreux, des hameaux.

À la Petite Papeterie (Tence), je découvre l'histoire du lieu. À Tence, un jeune homme à sa fenêtre m'envoie son bonjour. Nous échangeons quelques mots. Sa compagne m'invite à partager leur repas. J'accepte avec joie. C'est pizza-purée. Elsa et Éric viennent de terminer leur apprentissage de bourrelier à Decazeville (une cité du parcours).

Venus passer quelques jours ici, Elsa est fière d'avoir terminé seconde du concours départemental du meilleur apprenti. Bravo, Elsa !

Au bout d'une heure, je reprends la route vers Saint-Jeures où je pense me reposer au gîte d'étape. Hélas, il est fermé depuis décembre dernier. Je suis fatigué. Gilbert, le mari de Ninou, de l'accueil jacquaire d'Araules, vient me chercher. J'y passe une très bonne soirée en compagnie du couple rencontré à Montfaucon et d'un Autrichien, Christophe. Très belle discussion sur le déisme et les théismes.

12 : Queyrières, Saint-Julien-Chapteuil, Saint-Pierre-Eynac, 18 km (290 km)

Ma pensée du matin : « *On ne peut comprendre l'autre qu'en marchant deux kilomètres dans ses mocassins.* » (Proverbe indien)

Après un sommeil réparateur et un petit-déjeuner copieux, je reprends la route pour mon avant-dernière étape de ce Genève-Le Puy-en-Velay. Après quelques montées pierreuses, quelques kilomètres plus loin, je découvre des paysages étranges aux formes héritées d'un volcanisme ancien. Nous sommes dans le pays du Meygal. Je passe près de Queyrières, à 1 200 mètres d'altitude, s'étendant devant une butte balsamique. Sur celle-ci existait au 11e siècle un château aujourd'hui disparu. Il est vrai que les temps ont changé.

À Monedeyres, je prends un peu de repos près de l'église. En fait, il s'agit d'une salle des fêtes. Pour quelle raison ? Rattachés à la paroisse de Queyrières, les habitants considéraient leur village trop éloigné de l'église officielle. En 1887, ils décidèrent de construire leur lieu de culte. Terminée en 1914, elle ne fut jamais consacrée par les autorités religieuses. Cette histoire singulière inspira Jules Romains dans sa pièce *Cromedeyre le Vieil*. Autre originalité, la maison de la *Béate*, une « religieuse laïque » se dévouant à la population. Les enfants recevaient la catéchèse, l'apprentissage du calcul et de la lecture. Ces lieux situés sur des rivières-gaves sont propices à l'édification de moulins à *rodet* ou à pirouette, portant le nom du propriétaire, à l'exemple du moulin Guérin que je croise. Avec la force de l'eau, ils moudraient le blé et les céréales en leur procurant un revenu appréciable.

À Saint-Julien-Chapteuil, je déguste un sandwich au jambon local. On y trouve de nombreuses références à Jules Romains. Dans l'église romane du 12e siècle, restaurée au 19e siècle, une chapelle est dédiée à saint Jacques.

Reprise par une longue montée vers Saint-Pierre-Eynac situé hors du parcours. J'y passe la nuit. À l'entrée du village, l'église romane du 11e siècle bâtie par des moines de La Chaise-Dieu. Une chapelle est consacrée à l'abbé Perbet, tué par les gardes nationaux. Les habitants lui attribuent de nombreuses guérisons.

L'étape étant courte, j'arrive tôt au refuge. Je suis rejoint par les marcheurs rencontrés hier soir. Nous partageons le repas du soir.

13 : Marnhac, Saint-Germain-Laprade, Le Puy-en-Velay, 15 km (305 km)

C'est la dernière étape de la première partie de mon cheminement. Je passerai 11 jours au Puy-en-Velay comme hospitalier.

Après avoir reçu, il faut savoir donner.

Nous partons tous de concert, avec notre hôte, en direction de Marnhac, par le chemin qu'il a tracé pour rejoindre la voie du Puy-en-Velay. Chacun marche à son rythme, nous nous dispersons.

Ma pensée du jour : « *Hâte-toi de transmettre ta part de merveilleux.* » (René Char) Notre temps nous est compté, rien ne sert de garder pour soi ce qui peut enrichir l'autre. L'acte gratuit n'appauvrit pas.

À Saint-Germain-Laprade, une église du 12e siècle au clocher étonnant en forme de tour. Son cœur date du 10e siècle, le plus ancien de la région. En quittant le village, j'arrive à Montjoie, à 722 mètres d'altitude. De ce belvédère, je découvre Le Puy-en-Velay à l'image du *Monte del Gozo* faisant découvrir Santiago de Compostela. On peut alors lancer le cri du jacquet : *Ultreïa !*

Le passage dans Brives-Charensac est moins sympathique, même si le cheminement, le long de la rivière, est agréable. L'arrivée au Puy-en-Velay est dans cette continuité.

Il est midi. J'effectue quelques achats de bouche et mange le long de la rivière. J'ai droit à la visite des canards du lieu venus réclamer leur part. Ils n'ont pas l'air très anxieux de la présence humaine.

Vers 14 h, direction vers l'accueil jacquaire. André, rencontré lors de la formation, m'accueille et m'installe dans la chambre des hospitaliers.

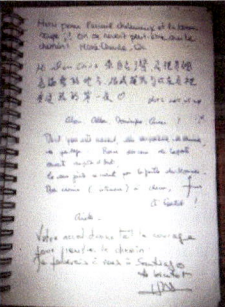

14 à 24 : Hospitalier au Puy-en-Velay (11 jours)

À l'ouverture des locaux, je suis reçu par Anne-Marie et Jean-Claude, les hospitaliers actuels. Un peu plus tard, je fais connaissance de mes deux futurs compères, Carmen et Dominique. La transmission entre les deux équipes s'effectue. Ce soir, nous apprendrons es bons gestes à respecter. Dès demain, nous assumerons pleinement notre nouvelle mission.

Pourquoi ai-je voulu devenir hospitalier ?

Depuis que j'ai entrepris le Chemin, j'ai souvent été accueilli par des bénévoles ou anciens pèlerins. Parfois, il s'agit de *pèlerins immobiles*, des accueillants qui aimeraient cheminer physiquement vers Santiago, mais qui sont empêchés pour différentes raisons (maladie, difficultés physiques, âge, travail...). Ils vivent spirituellement le Chemin à travers les récits du passant qu'ils abritent pour un soir.

Ces rencontres s'effectuent dans le milieu familial, au sein d'une communauté religieuse, ou comme au Puy-en-Velay, dans un *relais jacquaire* privé ou public. Sans oublier les gîtes privés, communaux, les campings... Selon les lieux, l'ambiance est différente.

Comme de nombreux cheminants, l'idée fait son chemin dans notre tête : « *Il arrive le temps où l'on peut, ou l'on veut donner ce que nous avons reçu au cours de notre cheminement* ».

C'est aussi une autre façon de voyager, de rencontrer l'autre, de s'enrichir sans les fatigues de la marche. Une façon de servir et de consacrer du temps utilement.

L'engagement de l'hospitalier ?

Souvent ancien marcheur, notre action n'a qu'un lointain rapport avec les *Hospitaliers de Saint-Jean* et les monastères d'antan. Nous en reprenons quelques missions... Nous sommes à une époque moins pratiquante, donc différente des servants des ordres initiatiques...

Bénévoles, chaque année nous consacrons une ou deux semaines de notre temps aux jacquets (Compostelle) ou remises (Francigena, vers Rome).

Au service du pèlerin, l'hospitalier est disponible, à l'écoute, respectueux de l'autre, lui apportant le réconfort, les conseils et les réponses adaptées... en toute humilité. Il évite aussi de tomber dans l'assistanat ou le paternalisme. Une mission enrichissante.

En ce qui me concerne, j'ai officié durant 11 jours avec Carmen (venue de Barcelone) et Dominique (de la Drôme) au *Relais du Pèlerin Saint-Jacques* situé à 100 mètres de la cathédrale. D'une capacité de 27 lits, le Relais est abrité dans les locaux du collège Saint-Régis (en fonctionnement) appartenant à la Congrégation des Sœurs de Sainte-Croix. Celle-ci met ses locaux à la disposition des pèlerins, sans distinction de revenus, race ou religion... Une belle universalité.

Nos premiers témoignages à transmettre sont ceux de la *charité,* de la *bienveillance.* L'hospitalité (hébergement et petit-déjeuner) est basée sur le principe de la participation libre aux frais (donativo) donnée par le passant, en fonction de ses possibilités[4]. Nous précisons toutefois que, sans celle-ci, l'accueil ne serait plus assuré. Elle est laissée à l'appréciation personnelle et morale de chacun. Le pèlerin verse lui-même son obole dans une boîte aux lettres dont les hospitaliers n'ont pas la clé. La gestion financière n'est pas de leur ressort.

L'accueil fraternel débute chaque après-midi à 15 h. L'hospitalier installe le marcheur dans son box individuel. Il se rend disponible pour toute demande d'information ou d'écoute... jusqu'à 22 h, l'heure de fermeture des portes. Celle-ci est indispensable pour que chacun puisse se reposer avant son départ du lendemain.

Le soir, aucun repas n'est servi. Le pèlerin prend son repas hors sac dans la salle d'accueil du rez-de-chaussée, disposant d'un four à micro-ondes et d'un réfrigérateur. De son propre chef, notre équipe, tout en payant sa propre nourriture, propose chaque soir une *soupe traditionnelle du pèlerin* pour ceux voulant la partager avec nous. Une façon de créer un esprit fraternel, et de lever les inquiétudes de celles et ceux débutant leur cheminement au Puy-en-Velay.

Le lendemain matin, à partir de 6 h 30, débute le service du petit-déjeuner préparé par nos soins. Souvent, l'un de nous accompagne les pèlerins et marcheurs à la bénédiction de départ à la cathédrale. Un partage de dernier moment intense avant le grand départ.

---

[4] Ce mode d'obole a évolué au fil du temps, selon l'époque et le lieu.

Les derniers marcheurs quittent le Relais à 8 h 30, moment où commence pour nous, notre travail manuel de remise en état jusqu'à midi.

Quotidiennement, nous procédons au nettoyage complet des locaux : vaisselle, draps, taies d'oreiller, lavage des sols, des sanitaires, faire les courses pour le petit-déjeuner du lendemain et pour nous...

Nous sommes logés dans les anciennes chambres des sœurs, un peu à l'écart, afin de retrouver des forces vives pour le lendemain, mais aussi pour intervenir si nécessaire (sécurité).

Le partage

L'ambiance est excellente entre les compagnons de mission, auxquels il faut ajouter Alban et Hélène (représentants de la Fédération des associations jacquaires) logeant dans les locaux.

Nous ne nous connaissions pas lors de notre prise de fonction. Rapidement, nous constatons que nous partageons les mêmes valeurs essentielles : apporter un réconfort à ceux qui nous font l'honneur de venir se reposer dans notre *Relais de Saint-Jacques*. Durant leur séjour, ils sont dans notre maison commune, *« comme chez eux »*.

Dominique eut l'idée de la soupe du pèlerin. Carmen, celle de la réaliser avec talent, à l'espagnole, avec de nombreux légumes frais achetés chaque matin. Votre serviteur, maladroit de ses mains, apporte sa contribution dans l'animation de la soirée de partage. Tous contribuent pour éplucher, râper, couper oignons, pommes de terre, carottes, céleri, poireau... selon l'humeur du jour. Son succès fut grand comme nous pouvons le lire sur le visage des bénéficiaires. Un marcheur la désigna comme *« soupe 3 étoiles »*. À chacun son talent, c'est ce qui enrichit. Autres apports : le pain grillé du matin de Dominique, le pot d'accueil personnalisé, le lavage des vêtements pour ceux venus de loin...

Nous avons rencontré plus de 160 pèlerins, tous différents les uns des autres. Du Taïwanais aux Norvégiennes, des Danoises aux Anglais, des Autrichiens aux Suisses, de l'Italien à l'Espagnol, du Belge à l'Autrichien... Sans oublier, de nombreux Français de Rhône-Alpes, Paris, Nice, Strasbourg, Mâcon, Nantes, Bordeaux, de la Drôme, du Mans... et j'en oublie. Un vrai patchwork de citoyens du monde.

La majorité marche, d'autres sont vététistes. Comme cet homme de 72 ans venu de Strasbourg, effectuant des étapes de plus de 100 km. Une folie certes, mais c'est son choix ! Aucun jugement.

À son arrivée, il est tout pâle, nous inquiétant. Nous lui conseillons avec le sourire de rester une journée de plus. Il l'a accepté.

Des caractères très divers... Des sympas et ouverts, des *« je sais tout »*, des inquiets pour leur premier départ... Ils sont tous motivés par le cheminement entrepris. Certains se confient, en ayant besoin d'exprimer quelques confidences. Un tel est en deuil, ayant perdu son épouse depuis peu. Une jeune Suissesse rencontrée entre Genève et le Puy me confie l'agression qu'elle a subie. Un autre est complètement perdu dans un monde qu'il ne comprend plus. La plupart sont en recherche d'un autre ailleurs, pour renouveler le sens de leurs vies.

Il y a parfois des personnes en dérive, comme ce *« compagnon de la route »* allemand, complètement démuni, sautant sur le morceau de pain offert. N'ayant plus toute sa tête, il reste un être humain. En fait, il faut savoir écouter, se montrer disponible...

Le soir, en mangeant la soupe, nous répétons la fameuse *Chanson du pèlerin*[5] dans une ambiance potache. Chacun y met du sien, mon travail étant de leur faire reprendre en chœur le chant. Le matin, avant de nous rendre à la messe de bénédiction du pèlerin à la cathédrale (tous n'y vont pas), nous la reprenons en cœur en quittant le gîte.

- ✓ Tous les matins, nous prenons le chemin,
- ✓ Tous les matins, nous allons plus loin,
- ✓ Jour après jour, la route nous appelle,
- ✓ C'est la voix de Compostelle.

Refrain : *Ultreïa ! Ultreïa ! Et sus eïa ! Deus, adjuva nos !*

- ✓ Chemin de terre et chemin de foi,
- ✓ Voie millénaire de l'Europe,
- ✓ La Voie lactée de Charlemagne,
- ✓ C'est le chemin de tous les jacquets. – *Refrain Ultreïa...*

- ➢ Et tout là-bas au bout du continent,
- ➢ Messire Jacques nous attend,
- ➢ Depuis toujours son sourire fixe le soleil
- ➢ Qui meurt au Finisterre. – *Refrain Ultreïa...*

---

[5] De Jean-Claude BENAZET, disponible sur YouTube.

La séparation ne laisse pas indifférent. Certains ont les larmes aux yeux, comme ce grand bonhomme de 60 ans, de plus de 1,90 m, qui rêvait de ce moment depuis 15 ans. Comme cette Allemande pleurant à chaudes larmes que Carmen dut consoler, obligée de rentrer chez elle à la suite d'une malencontreuse chute qui la handicape. Eh oui, mes amis, que d'émotions, que de richesses !

En 11 jours, j'ai beaucoup appris sur la sensibilité, l'humilité de ceux qui, à l'évidence, avaient besoin, tout simplement d'un amour fraternel. Je les remercie de leur enrichissement, de leur simplicité, de leur humilité comme le furent aussi Carmen, Dominique, Alban, Hélène. Ce fut un grand moment avant de reprendre mon cheminement vers Santiago et Fátima.

Notre récompense, vos remerciements

Un hospitalier donne ce qu'il possède, une amitié et un amour fraternel pour celui qui en a besoin. Il n'a pas à attendre un remerciement. Toutefois, il est sensible, et c'est normal, au retour de l'avis de ces passants de quelques heures dans notre vie. Nous avons tous besoin de ces encouragements pour continuer à agir avec notre cœur.

C'est la raison pour laquelle je mets en ligne ces quelques mots glanés dans notre livre d'or, non par satisfaction personnelle, mais tout simplement parce que leurs expressions expriment ce don qu'ils nous font.

J'en prends au hasard :

« Ça y est, nous y sommes ! Merci pour l'accueil et la chaleur humaine dispensée par les hospitaliers ». (Nicole, Gilles et Jacques)

« Mon premier jour sur le Chemin ! Super accueil ». (Lydie)

« Merci pour ce moment de convivialité qui donne du courage au départ du Camino ». (Pierre)

« Merci pour tout. We couldn't be without your help ». (Emma et Avert – Denmark)

« Votre accueil donne tout le courage pour prendre le Chemin. Je penserai à vous à Santiago. À bientôt ». (Illisible)

« Merci pour l'accueil chaleureux, la bonne soupe et l'apprentissage de la chanson. Amicalement. » (Freddy, Claudia de Suisse), etc.

Sur la Régordane, à travers les Cévennes

Après cette belle expérience humaine, je fais un retour rapide de trois jours à Dijon pour raisons familiales, et me rassurer sur ma cheville. Même si l'appel du Chemin est fort, je dois continuer à remplir avec sérieux mes engagements civils. L'occasion aussi de serrer dans mes bras la compagne de ma vie depuis plusieurs décennies.

J'ai la chance de trouver un covoiturage direct Le Puy-Dijon en à peine quatre heures. Bel échange avec la conductrice, chanteuse de son état. Quelques heures avant de revenir au Puy (toujours en covoiturage), j'ai la joie d'embrasser ma septième petite-fille, Délia, qui vient de naître. La famille continue à s'agrandir.

En arrivant au gîte, j'apprécie le travail de nos successeurs qui m'accueillent à leur table. Notre soupe du pèlerin est remplacée par la tisane du pèlerin prise dans la cour du Relais.

Demain, départ vers Arles en suivant la Régordane. Plus de 200 km à travers les Cévennes.

25 : Concis, Costaros, Landos, 29 km (334 km)

Ma pensée du jour est de Guillaume Apollinaire : « *Jamais les crépuscules ne vaincront les aurores. Réjouissons-nous des soirs, mais vivons les matins* ».

J'ai mal dormi, c'est la vie tout simplement. Peut-être est-ce le fait de me retrouver cheminant après deux semaines d'arrêt sans marcher ? Mon corps doit se réhabituer à porter mon sac de 12 kg (avec deux litres d'eau), à la chaleur et à la distance prévue de 29 km qu'il va falloir avaler. C'est peut-être un peu long pour une reprise ? Cela vaut bien une photo avec mes compagnons hospitaliers avant de recevoir la bénédiction du pèlerin à la cathédrale. J'en connais bien le déroulement, j'y suis désormais acteur, cheminant.

À l'origine, ce chemin délimitait un parcours entre Luc et Alès, passant par la *provincia de Regordana* évoqué en 1323 dans un acte du château de Portes. Ce terme de Régordane serait dérivé de *gord, gourd,* désignant les vallées profondes des Cévennes. Son tracé naturel suit la faille ouverte de la barrière du Mont-Lozère.

Les Romains l'empruntaient. Mais, c'est surtout sous l'empire carolingien qu'elle prit son importante, reliant l'Île-de-France au port de Saint-Gilles-du-Gard.

La chanson de geste *Le Charroi de Nîmes* (12e siècle) se fait l'écho de l'animation régnant vers 950 : « *des chars et des charrettes à profusion* ».

À l'époque médiévale, en plus du transport des marchandises, viennent s'ajouter les pèlerins se rendant à Saint-Gilles-du-Gard. On peut imaginer une démarche similaire à celle du Chemin de Saint-Jacques : une marche éprouvante sur des sentiers pierreux, des pèlerins demandant l'aumône pour continuer leur route, des paysans en quête de ce qui se déroulait à l'extérieur de leur village...

Qui était saint Gilles ? Une légende prétend que ce Grec se nommait *Aegidius*, d'une famille illustre, quittant son pays pour fuir la renommée que lui valaient sa vie d'ascète et ses miracles. Il se retira d'abord sur les rives du Gardon, puis près de l'embouchure du Rhône.

Au cours d'une partie de chasse, une biche poursuivie par les hommes du roi Wanba se réfugia près de lui. Une autre version décrit l'ermite buvant son lait ? Le roi tira une flèche qui atteignit la main de l'ermite. Le voyant blessé, le roi wisigoth d'Hispanie et de Septimanie fut ému. Il lui offrit la vallée Flavienne pour y bâtir un monastère.

Très populaire, son culte médiéval fut l'un des plus fréquentés. Il est considéré comme le saint patron et l'intercesseur des infirmes, des mendiants et des forgerons. C'est donc sur les pas des pèlerins du Moyen Âge que j'entame mon trajet ce jour.

La sortie du Puy est raide, suivie d'une succession de petites routes, de chemins herbeux ou de terre tassée. Il fait si chaud que je manque d'eau. Méfiante, une vieille dame me passe une bouteille d'eau par la fenêtre. Je dois avoir une sale tête. Après huit heures de marche, j'arrive à Landos. La bière bien fraîche au café du village est la bienvenue.

Au gîte communal, je découvre la présence des deux André que j'accompagnerais pendant plusieurs jours. André le Corrézien, ancien receveur de son état, André le Bruxellois. Tous trois, nous sommes retraités. Nous dînons au restaurant local. Le propriétaire est un personnage haut en couleur. Si la cuisine est moyenne, nous payons 15 € au lieu des 12,50 € annoncés. La propriétaire nous dit que pour les marcheurs, c'est plus cher que pour les ouvriers. Il faut bien vivre et amasser pendant la saison n'est-ce pas ?

Drôle de pratique quand même qui n'est pas du goût de notre Corrézien ! Serions-nous devenus des vaches à lait ?

26 : Pradelles, Langogne, Brugeyrolles, 22 km (356 km)

Vers 7 h, petit-déjeuner au bar. En route, nous apprenons à nous connaître. André le Corrézien est très engagé sur le plan politique et humanitaire. Si, sur le premier point, nous sommes distants, cela n'est pas le cas du second, chacun apportant, à sa façon, aide et assistance à ceux dans le besoin.

Ma réflexion du jour est de Ralph Waldo Emerson : « *Un ami est un homme devant lequel on peut penser à haute voix.* »

Le soleil luit de tous ses feux. Par une agricultrice, nous apprenons que la plantation et la collecte des lentilles (du Puy) ne peuvent se faire que tous les cinq ans. Sa culture appauvrit le sol. On s'enrichit toujours sur le Chemin. Belle vision d'un couple de chevaux s'approchant de Daniel (le Corrézien), un homme ancré dans sa terre natale. En revanche, Daniel (le Bruxellois) souffre de nombreuses ampoules dues à ses chaussettes neuves. Mes amis, une erreur à ne pas commettre. Daniel n'a mis qu'une journée pour être en souffrance.

Lors des Guerres de Religion, la découverte de la statue de Notre-Dame de Pradelles en 1512 ancra la cité dans la religion catholique. Protestants et catholiques se déchirèrent : Pradelles fut pillée et brûlée en 1582, la peste survint en 1586, un assaut huguenot échoua le 10 mars 1588. Dès 1589, le Vivarais fait la paix religieuse.

Non loin de là, la modeste auberge de Peyrebeille devint célèbre pour les assassinats commis par ses aubergistes : l'histoire de *l'Auberge rouge* est née. Bigre !

Nous arrivons à Langogne, cité importante de la Lozère. Son église est de style roman bourguignon (tiens, tiens...). À l'intérieur, une Vierge de majesté en bois résineux. L'enfant Dieu est dans la ligne du corps de sa mère, en posture hiératique. Nous sommes frappés par la noblesse et la majesté qui s'en dégagent. Cette halte dans ce majestueux édifice nous fait du bien, la chaleur est à son comble.

Il reste 3 km pour rejoindre le gîte d'étape des Cremades. En avance, nous ralentissons le pas avant de nous asseoir dans le jardin pour attendre son ouverture. Le gîte est de bonne facture, la nourriture excellente et la bière locale intéressante.

Cette journée est plus touristique que spirituelle. Mes compagnons sont avant tout des marcheurs, même s'ils ont effectué le Chemin vers Compostelle. Nouvelle expérience du Chemin.

27 : Luc, Notre-Dame des Neiges, 22 km (378 km)

Il a plu une bonne partie de la nuit. En quittant le gîte, le temps est beau et frais. Nous débutons par des chemins de terre tassée. Notre ami bruxellois est à la peine. Vaillamment, il tient le coup en avançant avec modération, de façon régulière. Dans une montée raide gravie rapidement par notre Corrézien, il n'est pas très loin derrière moi. J'ai l'excuse d'un poumon en souffrance… Il faut bien trouver une excuse.

Au détour d'un chemin, à une vingtaine de mètres, une chevrette passe, nous regarde et s'enfuit. J'ai tenté une photo, peu concluante. Daniel le Corrézien nous explique les différences entre chevreuil, biche, cerf, daim. Un vrai casse-tête pour l'urbain que je suis. Un peu plus loin, c'est un lièvre, à moins que… ce soit un lapin. Je m'y perds…

Nous approchons de Luc et des ruines de son château. Le Bruxellois préfère suivre la route, nous le chemin avec ces descentes casse-chevilles (je fais attention aux miennes) au milieu des pierrailles. L'arrivée au château dominant le village est frappante. Nous sommes nombreux, rejoints par des marcheurs du *Chemin de Stevenson,* un chemin familial de randonneurs. En recherche d'un chemin calme, ce n'est pas mon trip, même si, depuis que je marche sur la Régordane, je n'ai pas l'impression d'être un pèlerin, un cheminant.

À Luc, halte casse-croûte au bar du pays. L'occasion de faire connaissance de deux Lyonnais (père et fils) retrouvés à Notre-Dame des Neiges. Après cette halte salutaire, il est clair que Stevenson est bien présent comme un héros des lieux, comme le prouve un dessin sur la porte d'une grange.

Nous accélérons le pas pour lâcher quatre *stevesoniens* (aie ! L'esprit de compétition est encore présent). Nous y arrivons sans peine. En arrivant à destination, Daniel le Bruxellois nous fait part de leurs remarques : nous sommes des fous. Il faut bien un peu de folie de temps à autre pour alimenter le quotidien et rendre la vie moins tristounette. Enfin, c'est mon avis… et je le partage.

Avant d'entamer les derniers kilomètres vers le monastère, un âne vient nous dire bonjour. Nous devons être sympathiques, à moins qu'il attende une friandise. Allez savoir ce qui se passe dans la tête d'un âne !

Après beaucoup de sueur due au soleil, aux montées sur un large terrain pierreux, nous arrivons à la fin de notre étape.

L'endroit est différent de mon souvenir conservé de mon dernier passage... il y a trente ans. Tout est repeint, presque neuf. Seule persiste la petite église où le père de Foucault fit sa première messe.

L'inévitable Stevenson, qui n'avoua jamais être protestant, y fit un passage le 26 septembre 1878. Voici comment il décrivit les lieux :

« J'étais maintenant parvenu au chemin menant à mon étrange destination : le couvent des trappistes de Notre-Dame des Neiges... Je n'avais pas progressé bien loin que le vent m'apportait le tintement d'une cloche et je ne sais comment, je ne saurais qu'à peine dire pourquoi, mon cœur à ce bruit se serra dans ma poitrine. J'ai rarement éprouvé plus d'angoisse sincère qu'en approchant ce monastère de Notre-Dame des Neiges... ».

Après le repas concocté par le moine hôtelier, Daniel le Corrézien, véritable athée déclaré, me demanda s'il pouvait m'accompagner à l'office du soir. Bien entendu, j'ai accepté. Au cours de la cérémonie, je lui explique en quelques mots choisis le sens des psaumes chantés par les moines trappistes. Cela dura une vingtaine de minutes. Intérieurement, je suis heureux de ce partage.

28 : La Bastide, La Garde-Guérin, Villefort, 26 km (404 km)

Depuis un mois, j'ai entrepris ma troisième pérégrination complète vers Saint-Jacques-de-Compostelle. Mon quatrième départ puisque l'an dernier, il faillit tourner en eau de boudin. J'ai retiré de nombreuses réflexions de cette désillusion, notamment le fait de vivre intensément mes passions, plutôt que de les conserver pour un hypothétique avenir. Je ne sais pas s'il existe un dieu révélé, mais cette puissance qui nous entoure ne peut pas être le fruit du hasard. J'ai du mal à concevoir que nous ne serions que des animaux évolués.

Quand on regarde la vie de Charles de Foucault, elle fut intense et riche. Avant de partir, je repasse à la petite église où le Bienheureux donna sa première messe, le 10 juin 1901. Ce moine, trappiste à Notre-Dame des Neiges, en Syrie, et au Sahara, fut assassiné. Presque un anniversaire jour pour jour.

« Faire quelque chose de remarquable vaut mieux qu'être remarqué. » (Confucius)

Le temps radieux et frais nous invite au départ.

En bas de la petite descente, nous sommes rejoints par un convoi classique du chemin de Stevenson : un âne bâté portant un enfant accompagné de sa mère et de sa grand-mère. Tels des photographes attendant la star, les trois compères s'alignèrent pour prendre une photo historique sous les rires des accompagnants. Nous les quittons à La Bastide-Saint-Laurent-les-Bains puisque nos chemins se séparent. Notre voyage se poursuit sans encombre. Daniel, le Bruxellois, marche lentement. Nous sommes un peu inquiets pour lui. Arrivera-t-il à Saint-Gilles-du-Gard ? Nous n'osons pas lui suggérer d'écourter son voyage en faisant de l'auto-stop, de peur de le froisser.

Nous arrivons à l'un des endroits les plus difficiles des Cévennes. Le chemin est une suite de grandes pierres marquées par le passage des charrois de l'ancien temps. Auparavant, nous passons au dolmen de Thort. Selon la légende, Gargantua lui-même l'aurait jeté ici d'où son surnom, le *palet*. Conscient de la difficulté, notre Bruxellois se décide à terminer l'étape en auto-stop, en rejoignant le gîte de Villefort.

Nous continuons à deux. Notre marche est plus rapide même si je prends le temps pour éviter la moindre chute. Ce n'est pas le cas de Daniel, véritable cabri, passant allégrement d'une pierre à l'autre.

Non loin de La Garde-Guérin, nous nous arrêtons au bar du petit golf. La Badoit bien fraîche est la bienvenue. La Garde-Guérin est un village médiéval du 11e siècle classé depuis 1992 comme l'un des plus beaux villages de France. Il domine à 800 mètres d'altitude les gorges de Chassezac. Ce village de 12 habitants permanents a gardé sa structure ancestrale avec sa tour et son château, sans oublier sa beauté sauvage et mystérieuse. Il fut occupé par la communauté des *Chevaliers Pariers,* chargée de protéger les voyageurs, à l'image des Chevaliers du Temple. Pour cela, ils étaient rémunérés. L'église est dédiée à Saint-Michel l'Archange, leur patron. De sa haute tour de près de 22 mètres, Daniel prend de nombreuses photos.

Descente vers le lac de Villefort, une pente de cinq kilomètres plutôt accidentée au milieu de la pierraille. Daniel trotte devant, je reste en arrière en espérant ne pas trop me laisser distancer. Un moment un peu difficile, je l'avoue, qui m'a paru long.

Enfin, nous arrivons à destination. Daniel (le Bruxellois) s'est déjà installé. Nous dînons en ville, faisant la connaissance d'un marcheur. Une soirée se terminant tard malgré la fatigue. Drôle de journée, avec ses hauts et ses bas.

29 : Génolhac, col de Portes, Meynes, 32 km (436 km)

Notre Bruxellois fait l'impasse de cette journée, difficile à tous, en prenant le bus. Elle le fut.

Tout commença par un petit-déjeuner copieux, trop peut-être, partagé avec le marcheur rencontré la veille. De nouveau, ils parlent politique... Décidément, je suis loin du chemin spirituel espéré.

Ma référence du jour : *« Mieux vaut se fier à son courage qu'à sa fortune. »* (Publilius Syrus, poète latin)

Je suis patraque, des ennuis gastriques sans gravité. Peut-être ai-je bu trop d'eau...

Dès les premiers kilomètres, les chemins pierreux réapparaissent. Ils ne nous ont pas oubliés. Les passages sont parfois dangereux. Je ne suis pas à l'aise, à flanc de coteau. Je suis inquiet, ma chute de l'an dernier revient à mon esprit. Sensible au vide, je suis pris aux tripes[6].

Avant Concoules, lors d'une montée raide, j'ai restitué mon petit-déjeuner, sûrement par réaction, avec des brûlures d'estomac. Nous nous arrêtons dans un bar pour boire un thé. Il me remet en forme. Au bout d'une demi-heure, reprise de route. Désolé de ces détails, mais c'est aussi le Chemin.

À l'entrée de Génolhac, les ruines d'une ancienne usine à la façade de fer et de vitres. Les portes en ogive font penser aux églises.

Nouvelle montée pour accéder quelques kilomètres plus loin à Chamborigaud. Arrêt dans un bar. Je vais nettement mieux côté gastrique, mais je ressens de la lassitude. La sortie du village est mal fléchée, nous obligeant à un retour en arrière pour trouver la bonne direction. Le balisage est défaillant, à moins qu'un rigolo ait déplacé les marques. Cela arrive parfois, hélas !

Nous nous dirigeons vers le col de Portes que certains randonneurs n'hésitent pas à classer comme difficile. Ne voulant pas handicaper Daniel dans sa marche rapide, je lui propose de continuer à son rythme sans m'attendre. Nous nous rejoindrons au col.

Seul, j'ai l'espoir que cette montée se termine rapidement. Mais, rien de cela, il faut continuer à travers bois, par de nombreux détours. Au col, je bois un coca bien frais au bar du coin.

---

[6] Depuis, j'ai pratiqué l'autosuggestion. J'ai en partie maîtrisé cette peur.

Le tenancier a vu mon compagnon de route, qui lui a acheté une bouteille de vin, il y a une demi-heure. Tiens ! Cela doit être pour le repas de ce soir qu'a dû concocter Daniel le Bruxellois.

Je m'approche du château de Portes. Surnommé le *Vaisseau des Cévennes* en raison de sa proue en pierre spectaculaire, unique en Europe, il est classé Monument historique.

Je suis victime d'un fléchage, inconséquent à mes yeux, entre deux GR (chemins de grande randonnée). Par erreur, je prends le GR 44 au lieu de celui de la Régordane. Résultat : une heure et demie de marche sur un chemin balisé, qui n'est pas le bon. Heureusement, deux jeunes Anglais en vacances me sauvent la mise. Ils m'amènent chez leur hôtesse qui, comprenant mon désarroi, me ramène au gîte à Meynes en 4x4 après une grande descente épique sur des chemins défoncés et rocailleux pris à grande vitesse. Le véhicule tressaute à chaque instant. Les jeunes Anglais et leur hôtesse vivent cet épisode en riant à pleins poumons. La photo prise au gîte montre à quel point nous étions tous heureux de la bonne fin de cette « aventure ».

Le dîner pris avec les deux Daniel's, qui m'avouent avoir été inquiets, permit à tout le monde de se réconforter.

Demain est un autre jour. Aujourd'hui, j'en ai plein les pattes.

30 : Laval-Pradel, Saint-Martin de Valgalgues, Alès, 20 km (456 km)

C'est notre dernière étape commune avec Daniel le Corrézien qui rejoint ses pénates. J'apprends à cette occasion qu'il a rédigé deux ouvrages sur ses expériences de marcheur, l'un sur Compostelle, le second sur le GR20 en Corse. Pour les non-spécialistes, celui-ci est le chemin de grande randonnée français le plus difficile.

Ce départ m'attriste. Je me suis attaché à cet homme simple même si nos conversations furent surtout sociétales. La spiritualité ne l'intéresse pas. C'est dans ces rencontres diverses, loin de son mode de pensée ou de son intérêt, que l'on entretient la tolérance.

« Être disponible pour les autres permet aussi de faire taire ses petits soucis personnels. Tout le monde y gagne. »

Cette étape marque la sortie des Cévennes, puisqu'après Alès, le terrain devient plat. En passant devant la stèle érigée à l'attention des neuf mineurs décédés dans un coup de grisou en 1958, Daniel est particulièrement ému.

Laval-Pradel vit se dérouler de nombreux événements (les Cathares et le Comte de Toulouse, saint Gilles, les Camisards, la résistance protestante). Un de ses enfants, Rabaud Saint-Étienne, rédigea l'article X de la *Déclaration des droits de l'homme et du citoyen* préservant la liberté d'opinion.

À la sortie de la cité, présence d'un petit train tirant les wagonnets de charbon. Le rappel du dur labeur des ouvriers d'alors. Daniel se met aux commandes de la machine pour s'imprégner un peu plus de la lutte des classes.

Au milieu d'un champ, un dolmen et une collection de véhicules de la Seconde Guerre mondiale. Ce serait le reste d'une colonne remontant par la Régordane pour délivrer notre pays de la barbarie nazie.

Plus loin, traversée des mines de houille en plein ciel, dit « *à la découverte* ». Le site de la Grande Combe à flanc de montagne est lunaire. Travaillé par la main de l'homme, il crée de grands cratères. Son exploitation cessa en 1971. Depuis, le site est classé à l'inventaire général du patrimoine culturel. Trois de ces trous profonds recueillant l'eau forment des taches bleutées sur cet espace grisâtre.

Le Mas-Dieu, autre petit village traversé, était un lieu de halte et de soins médicaux pour les voyageurs depuis les Croisades lorsque passait le chemin du Nord menant à la Méditerranée.

À sa sortie, sur un raidillon pierreux, *la Fontaine des mamans* due à Charles Blanc, émigré aux États-Unis. Cet originaire du lieu fit don à sa commune du terrain où se trouve la source et d'une somme d'argent pour « *amener l'eau au village et refaire le toit de l'Église* ». Sur la liste de son comité de soutien, que des hommes ! Autre temps, autres mœurs.

À Saint-Martin de Valgalgues, nous déjeunons dans un restaurant servant des plats faits maison. Très bon.

Le *Restaurant de la Mairie* est une bonne adresse à retenir. Repus, nous partons en direction d'Alès pour rejoindre le gîte familial de la Croisée des Chemins. La traversée de la ville est fastidieuse, le GPS s'avère utile pour trouver l'endroit. L'accueil est sympathique.

Après la négociation de notre Daniel national, notre hôte nous prépare à manger. J'y retrouve Anne-Marie, une Suissesse rencontrée au Relais Saint-Jacques du Puy quand j'étais hospitalier. Nouveau hasard.

Le soir, la discussion tourne un moment sur la spiritualité. J'échange sur la morale, l'éthique notamment avec notre hôtesse pédopsychiatre (nous partagions les mêmes vues) et une étudiante en sociologie (nous étions en désaccord). Son contenu semble gêner les autres participants, nous entraînant à mettre fin à nos échanges.

31 : Vézénobres, Ners, 18 km (474 km)

C'est le moment de la séparation autour du petit-déjeuner. L'étudiante en sociologie est déjà partie, Daniel le Corrézien doit prendre son train, Anne-Marie se rend en centre-ville avant de nous rejoindre à Ners. Avec Daniel le Bruxellois, nous rejoignons la Régordane passant le long du Gardon d'Alès.

Tout débute par une petite route, un centre commercial et le passage d'un pont. Nous retrouvons le calme. Traversée de petits villages avant d'arriver à Saint-Hilaire où je m'arrête un moment. Mon compagnon de route souffre, mais il s'accroche, voulant terminer son projet.

Quant à moi, je n'ai aucune envie de me presser. L'étape est courte, rien ne sert d'arriver à midi pour attendre devant le gîte.

« Ne craignez point d'avancer lentement, craignez seulement de rester sur place. » (Proverbe chinois)

Daniel accélère. Je le laisse faire d'autant qu'une dame interrogée sur le manque de fléchage m'indique une mauvaise route. Cela arrive parfois, non par malveillance, mais pour rendre service. Ce n'est pas grave, le paysage est beau à travers les vignes.

En arrivant à Vézénobres, nouvelle déception par le fléchage ambigu. Je retrouve Daniel assis à une terrasse. Nous en profitons pour prendre une belle assiettée de salade. Sur les huit personnes attablées, sept Belges. Eh oui ! Je suis le seul Français. Cela prouve à quel point notre pays est apprécié par nos amis d'outre-Quiévrain.

Cette cité médiévale fortifiée est magnifique et vaut le détour. Elle servit d'étape aux pèlerins et aux marchands transitant vers les ports de bateaux en direction de Jérusalem. De cette époque prospère (11e/13e siècles), la cité a hérité d'un ensemble de bâtiments de style roman. Un patrimoine unique dans le sud de la France.

Après la destruction de l'église médiévale, l'église Saint-André fut construite dans la partie basse du village. On peut y admirer de belles fresques datant du 18e siècle. L'ancien temple (ici, les habitants sont plutôt protestants) d'avant la révocation de l'Édit de Nantes (1685) existe toujours. Transformé en église à la révocation, il fut réhabilité dans sa vocation d'origine.

Ners est la fin de l'étape du jour. Anne-Marie nous rejoint dans le gîte de Mme Gras. L'accueil est sympathique bien que notre hôtesse soit en pleine préparation de la *Fête de l'âne*, une tradition attirant 3 000 visiteurs. Dans deux jours se déroule *l'Ananers* sur le parcours de la Régordane, une randonnée médiévale (ânes chargés, soldats en armure...) durant toute la journée. Une manifestation organisée par l'association *Une chance pour tous*. Bravo, je suis d'accord.

32 : Brignon, Moussac, Russan, 25 km (499 km)

Après le petit-déjeuner copieux, Anne-Marie part devant, suivie par Daniel. Je prends mon temps, chacun retrouve son moment de solitude. Nous l'avions au gîte, chacun dans une chambre individuelle.

Reprenant le chemin, je croise quatre marcheurs logés dans le village. Ils suivent une nouvelle voie créée depuis peu, le chemin Urbain V, en l'honneur de ce pape. Long de 325 km, il relie Nasbinal (en Aubrac) à Avignon en l'honneur de son sacre.

« Un sourire est une clé secrète qui ouvre bien des cœurs. » (Baden-Powell, créateur du scoutisme)

À Moussac, je rejoins Anne-Marie avant de nous perdre de vue dans les dédales de la vieille ville. Je m'arrête au bar devant la mairie, mais pas de Daniel. Pour rien, il est devant. L'ayant eu au téléphone, nous nous mettons d'accord sur l'achat des provisions de bouche. Je croise Anne-Marie sortant du charcutier. Finalement, au bout de deux kilomètres, nous nous regroupons pour manger aux pieds des vignes. Puis, nous continuons jusqu'au gîte. À un kilomètre de celui-ci, une forte pluie nous oblige à nous abriter.

Le gîte est confortable. Notre hôte ne brille pas par son amabilité. Business-business, il n'aime pas ce que l'on pense autrement de lui. Pour une raison toujours incomprise, il nous facture un supplément de séjour de 4 € par personne. *« C'est comme ça »,* nous dit-il.

33 : Nîmes, Arles

En regardant le trajet proposé, Anne-Marie choisit de le parcourir. Nous faisons l'impasse pour des raisons différentes. Daniel, pris par le temps, veut effectuer à pied, le trajet entre Nîmes et Saint-Gilles-du-Gard, avec un retour en bus le soir même. À cet effet, il a réservé deux jours à l'auberge de jeunesse de Nîmes où il laissera son gros sac à dos. Personnellement, j'ai envie de quitter ce chemin pour un autre, plus spirituel. Un cheminement plus en phase avec mes réflexions.

Nous prenons le bus pour Nîmes où je laisse Daniel. Une petite heure plus tard, j'ai rejoint Arles par le bus départemental. Vivement le Chemin de Compostelle !!!

Sur le Chemin d'Arles (France)

Arles, Saint-Trophime, nécropole des Alyscamps

Dès mon arrivée, je me replonge dans cette spiritualité qui m'a manqué. Ce lieu est cher à mon cœur. Ici, en 1967, j'avais 18 ans, j'ai décidé de me réinsérer dans la vie sociale après notre périple épique avec Nathan en 1965 pour rejoindre un kibboutz en Israël[7].

Les portes de l'église Saint-Trophime sont closes, je me dirige vers le cloître. Je ne suis pas déçu. Alors, profitons de cette aubaine.

Arles fut l'un des plus grands centres urbains de la Gaule romaine. À ce titre, une communauté chrétienne s'y installa avec la présence d'un évêque attestée dès 254 de notre ère. La cathédrale fut proclamée *primatiale des Gaules* avant d'être supplantée par Lyon. Elle fut le siège d'un archevêché jusqu'à la Révolution. D'où son importance.

Le cloître fut bâti pour le chapitre de la cathédrale. Les galeries romanes nord et orientale furent édifiées vers 1150. Il fallut attendre la fin du 14e siècle pour qu'il soit terminé, avec l'achèvement des galeries occidentale et méridionale gothiques. L'ensemble lui donne une teinture particulière. Inscrit aux Monuments historiques (1840), il l'est au patrimoine mondial de l'UNESCO au titre des Monuments romains et romans d'Arles depuis 1981.

En sortant du cloître, je me retrouve au marché. Passant pour me rendre à la nécropole des Alyscamps, un vendeur de paella m'offre gracieusement une barquette. Quand je vous dis que les gens ont bon cœur. Il suffit d'être disponible, de s'ouvrir aux autres.

Je ne peux pas quitter Arles sans retourner aux Alyscamps, cette nécropole dont l'accès est gratuit aux pèlerins. C'est en effet le point de départ de la voie d'Arles, la *via Tolosana, la voie de Toulouse* comme la cathédrale du Puy-en-Velay est celle du Chemin du Puy.

Ce lieu culturel riche l'est aussi pour comprendre comment étaient traités les morts, il y a 17 siècles. Durant cette période, le monde des morts était séparé de celui des vivants. Les nécropoles se trouvaient à l'extérieur des remparts de la ville.

---

[7] Autobiographie racontée dans **Destins croisés** (2024), BoD. Mes cheminements vers Compostelle ont contribué à revisiter, et à dépasser ce passé douloureux.

Les enterrements étant interdits à l'intérieur des cités, défunts et vivants se côtoyaient dans ces nécropoles pour des libations, repas funèbres ou fêtes dont l'aspect parfois excessif les fit plus tard interdire par les évêques.

Alyscamps signifie *Champs-Élysées* en provençal. Ils représentaient la cité des morts vertueux dans la mythologie grecque. On y trouve de nombreux sarcophages d'Arlésiens célèbres, mais aussi de défunts venus d'ailleurs, payant un tribut pour y être enterrés[8].

La nécropole était célèbre à des centaines de kilomètres à la ronde. Son importance date de l'époque paléochrétienne lorsque le martyr saint Genest y fut inhumé, puis les premiers évêques d'Arles abrités dans une chapelle. Celle-ci fut rapidement entourée par de nombreuses tombes, sur plusieurs rangs. Vers 1040, un prieuré s'y installe sous le vocable de Saint-Honorat (évêque d'Arles : 426-429) dépendant de l'abbaye Saint-Victor de Marseille. La nécropole devient le point de départ du pèlerinage de Compostelle pour les pèlerins provençaux. Les chansons de geste ne manquent pas d'y situer les combats de Charlemagne contre les sarrasins pour expliquer l'abondance des tombes. Dante l'immortalisa dans son poème « *L'enfer* ».

Au 12e siècle, le transfert des reliques de saint Trophime à la cathédrale Saint-Étienne lui enleva son prestige. L'église Saint-Honorat des Alyscamps est classée aux Monuments historiques depuis 1840.

Cette nécropole servit de modèle à de grands artistes. En 1888, Van Gogh et Gauguin peignirent dans ces « Champs-Élysées ».

Ce départ d'Arles, sans messe de pèlerin, débute dans un lieu glorifiant les morts. Faut-il y voir un symbolisme lié à la mort du vieil homme ?

34 : Arles, Prieuré de Bouchaud, 7 km (506 km)

Il est 15 h. Ce passage dans ces lieux sacrés m'a revigoré, redonnant du sens à ma recherche intériorisée. Je quitte Arles pour un lieu plus spirituel, pour éviter la multitude de l'auberge de jeunesse voisine.

Quel lieu peut y répondre ? Un prieuré peu connu situé à 7 km de là, celui de Notre-Dame des Champs ? Contacté, le Frère hôtelier me donne les indications pour y parvenir, se trouvant hors du parcours.

8 Alain Lequien, ***Les mystères de Saint-Jacques-de-Compostelle***, de Borée.

Me voilà reparti sous la canicule.

« Le bonheur n'est pas chose facile. Il est très difficile de le trouver en soi, impossible de le trouver ailleurs. » (Bouddha)

Après deux heures de marche, j'arrive au prieuré attenant à un domaine viticole offert aux moines par une femme décédée sans descendance. Le lieu est champêtre. La petite chambre très simple donne sur le jardin. En me reposant, j'entends les oiseaux gazouiller.

Ces bénédictins, s'ils respectent la Règle, sont soumis à des allégements en partie du fait qu'ils sont nombreux à être de santé fragile. Les offices sont limités en nombre et en durée. Il en est de même de la règle du silence, libérée en cours de repas.

Cette communauté vit dans une autre dimension, où le moindre fait prend de l'importance. Est-ce lié à leurs souffrances ? Je ressens des obstacles dans leurs rapports sociaux. Le moine n'a pas le choix, il doit vivre toute son existence avec d'autres compagnons qu'il n'a pas choisis. La vie est simple, chacun vaque à ses occupations. Les offices sont réglés comme du papier à musique. Quasiment tout le rituel est chanté sous la direction du prieur. J'ai été impressionné par les trente minutes de silence complet autour du corps du Christ sorti du tabernacle. Physiquement, j'ai enduré cette pratique, habitué à être le plus souvent en mouvement.

Plusieurs moines me posèrent des questions sur le Chemin de Compostelle qu'ils ne pourront jamais parcourir, du fait de leurs vœux. Ils s'affirment être dans la spiritualité du Père de Foucault (Notre-Dame des Neiges, étape 16). Repas et petit-déjeuner sont d'une grande simplicité. Tout vient du jardin. J'ai entendu un moine remercier un homologue pour la qualité de ses haricots.

Je retire de mon passage de nombreux enseignements qui m'aident à comprendre le monde d'hier et d'aujourd'hui. À chacun de répondre en fonction de son intime.

35 : Saint-Gilles-du-Gard, Vauvert, 35 km (541 km)

Ce matin, je suis en retard pour me rendre à la salle des prières. Ne voulant pas bousculer l'harmonie, j'écoute leurs chants dans la cour. En sortant pour activer la cloche externe, le moine m'invite à rentrer. Ce que je fais en assistant à la fin de celles-ci.

Après le petit-déjeuner pris en commun, je m'éloigne de ce lieu de repos pour continuer ma marche à travers la Camargue.

Ma pensée du jour est d'Alexandre Dumas fils. *« Le travail est indispensable au bonheur de l'homme ; il l'élève, il le console, et peu importe la nature du travail, pourvu qu'il profite à quelqu'un : faire ce qu'on peut, c'est faire ce que l'on doit. »*

Si le temps est nuageux, il fait déjà chaud. Les moustiques célèbres dans cette région commencent tôt leur travail, et ne me ratent pas. Je marche un long kilométrage sans rencontrer âme qui vive, parfois au milieu de rizières. Du moins, je le pense, en voyant des petites plantes en sortir. Ah si ! Trois Asiatiques pêchant du poisson dans une rivière. L'un tient en main un torchon se consumant, censé par la fumée éloigner les moustiques ravageurs.

Face à moi, je vois arriver une marcheuse. C'est Anne-Marie rencontrée au Puy-en-Velay et sur la Régordane. Elle file vers Arles pour prendre son train. Décidément, le « hasard » me la fait rencontrer à trois reprises. Après un échange rapide, chacun va vers sa destinée.

L'arrivée à Saint-Gilles-du-Gard (Saint-Gilles-du-Gard) s'effectue par le pont sur le Petit-Rhône. Après trois passerelles successives, j'arrive dans la cité. Devant l'abbatiale, j'assiste à la sortie de parents heureux : ils viennent de baptiser leur enfant. J'attends quelques instants avant d'y pénétrer, tout le monde étant parti.

Au Moyen Âge, ce site était le pèlerinage roman le plus important, prenant la quatrième place derrière Rome, Jérusalem et Compostelle.

L'abbatiale actuelle fut édifiée aux 12e/13e siècle avec les dons du pèlerinage. Mesurant 95 mètres de longueur, 33 mètres de largeur de façade, elle prit la place d'une église antérieure du 10e siècle. Les violents conflits des guerres de religion l'endommagèrent. Au 17e siècle, le culte de saint Gilles tombe dans l'oubli.

L'édifice est classé Monument historique en 1840. Sa façade est inscrite au patrimoine mondial de l'UNESCO au titre des Chemins de Compostelle depuis 1998.

J'aurais aimé me rendre à la crypte s'étendant sous la nef. Les moines y accédaient par une porte donnant dans le cloître. Le sort en décide autrement. L'homme chargé de son accès lance un sonore *« On ferme »*. Je dois me contenter de prendre en photo la statue d'un saint Jacques trônant au fond de l'église.

Il est à peine midi, je mange avant de reprendre ma route vers Vauvert, à 18 km de là. La chaleur, quelques erreurs de balisage ou d'inattention rendent cette fin d'étape un peu difficile. C'est sérieusement liquéfié que j'y arrive.

J'aurais souhaité dormir à la halte paroissiale, mais sur place, j'apprends qu'elle est fermée. Raison de sécurité, semble-t-il. Je n'ai pas d'autre solution que de me rendre dans une chambre d'hôte, chez Nicolas. Ancien pèlerin, il me met à l'aise. Il a aménagé d'anciens box de chevaux pour les marcheurs. Il m'en propose un, au tarif adéquat.

Nous partageons son dîner, agrémenté de longs échanges sur le Chemin. Merci Nicolas, pour cet accueil imprévu.

Vers 21 h, je rejoins mon box pour une nuit réparatrice, avec bien des regrets pour l'abbatiale de Saint-Gilles-du-Gard…

36 : Gallargues-le-Montueux, Lunel, 14 km (555 km)

Je petit-déjeune seul, mon hôte restant couché. Direction de Gallargues-le-Montueux pour une courte étape, avant celle de Montpellier. Du moins, ce sont mes prévisions. Il est clair que les 35 km parcourus hier pèsent sur mon organisme. Le soleil aidant, je ressens une grande lassitude. La nuit, dans le box, fut aussi le ballet des moustiques, vous voyez de quoi je parle, ceux que l'on entend sans jamais les voir avant d'être piqué.

La journée est ponctuée de nombreuses erreurs de fléchage, si bien que j'ai parcouru plus que la distance prévue. Par principe, je ne comptabilise que le kilométrage prévu, jamais les distances liées aux erreurs ou inattentions. Eh oui ! Cela arrive même aux marcheurs expérimentés. Ici, ces erreurs sont dues pour une grande part aux travaux en cours dans cette région : TGV, autoroutes, déviations… Bref, pas l'idéal d'un cheminement serein.

J'arrive pour déjeuner au bar situé près de la mairie, dans l'ancienne cité fortifiée. Je remarque vite qu'il est le siège de nombreux clubs locaux anciens, comme indiqué sur la façade. Le plat du jour, du poulet au miel. Délicieux.

Je m'installe au gîte municipal situé dans une ancienne école. Pour obtenir les clés, j'attends l'arrivée de l'hospitalier. Le local est vieillot, mais l'essentiel y est. Je règle ma faible participation et peux me reposer un instant après avoir pris ma douche.

Je reçois un appel téléphonique de Guy, un pèlerin de la région rencontré sur le Primitivo en 2013. Un matin, nous avons brûlé ensemble nos vêtements, selon la tradition, à Fisterra. Toujours en contact, il est passé me voir à Dijon, alors que j'avais ma cheville dans le plâtre.

Il propose de m'accueillir à Lunel, en partageant les agapes du soir. J'accepte, bien entendu. À la sortie du travail, il passera me chercher.

« L'amitié est parfois une fraternité plus forte que celle du sang. »[9]

Nous prévoyons de repasser demain matin, pour chercher la Sud-Africaine arrivée entretemps, afin de nous déposer à la gare de Lunel. En effet, Guy me déconseille de parcourir le chemin entre Gallargues et la capitale du Languedoc-Roussillon, du fait des chantiers en cours. *« Tu vas galérer »,* me dit-il.

Cheminer doit rester un plaisir, en aucun cas une punition. J'opte pour la sage solution de mon ami. Je prendrai cette journée de liberté pour redécouvrir cette grande ville que je n'avais qu'entr'aperçue.

Nous passons une bonne soirée, comme je les aime, entre amis, avec des conversations intéressantes, sans oublier une nuit reposante après celle vécue au milieu des moustiques. Comme chez Daniel, Georges, Jean-Louis, comme chez Marta et Luis ou Daniel et Michel..., Guy m'a fait l'honneur de me recevoir chez lui.

37 : Jour de repos à Montpellier

Après le petit-déjeuner copieux, Guy me ramène à Gallargues pour prendre en charge la Sud-Africaine. Elle est absente. Par la fenêtre, pas de sac. Peut-être a-t-elle changé d'avis ? Guy me dépose à la gare, une demi-heure plus tard, j'arrive à la gare Saint-Roch.

Cette nuit, je vais la passer à l'auberge de jeunesse située dans la vieille ville. N'ouvrant qu'à 14 h, l'accueillant prend en charge mon sac à dos. Je repasserai pour la réservation. J'en profite pour visiter la grande cité : la cathédrale Saint-Pierre, l'église Saint-Roch, la place Royale du Peyrou, les petites rues pleines de restaurants, Le Corum...

Saint-Roch est le saint patron de la ville. Selon la tradition, cet enfant du pays né en 1340 était le fils d'un consul. Il étudia dans la fameuse faculté de médecine de la ville créée en 1220.

Lors de son pèlerinage à Rome, il soigna des malades atteints de la peste bubonique. Victime de la maladie, il en réchappa. Sa légende raconte qu'un chien vint le nourrir en volant chaque jour un pain pour lui permettre de survivre. Découvrant cet acte, le maître de l'animal vint à son secours (certains historiens disent qu'il devint son disciple).

9 Alain Lequien, *Au cœur de l'Amitié, citations et proverbes pour la comprendre et la vivre.* Ed. BoD.

Il est représenté en pèlerin (avec son bourdon), accompagné du chien, montrant sur sa cuisse un bubon de pestiféré. Je passe le reste de mon temps à écrire.

38 : Grabels, Montarnaud, 22 km (577 km)

18 juin, une date historique de la Seconde Guerre mondiale, l'appel du général de Gaule contre la terreur nazie. Après cet arrêt, je repars tranquille, comme disent mes enfants. Je n'aime pas les sorties de grande ville, souvent navrantes. J'aurais pu prendre le tram et le bus pour rejoindre Grabels (9 km) avant de continuer vers Saint-Guilhem-le-Désert (35 km). J'ai écarté cette solution.

« Le moment donné par le hasard vaut mieux que le moment choisi. » (Proverbe chinois)

Ma sortie de Montpellier s'effectue par la place royale du Peyrou, qui sert d'écran à la statue équestre de Louis XIV. Je poursuis par la descente de l'aqueduc des Arceaux, construit en 1754 par Pitot de Launay, s'inspirant du pont du Gard. Il permit l'arrivée de l'eau potable en provenance de Saint-Clément.

Jusqu'au Conseil départemental de l'Hérault, son tracé me sert de fil conducteur. Je traverse les beaux jardins et le plan d'eau. Malgré mon bonjour, le pandore de service me regarde comme un extra-terrestre. Est-il donc malvenu de traverser ce lieu de pouvoir ?

Je quitte Montpellier en suivant le long d'un tram. Après quelques tâtonnements de balisage, j'arrive à Grabels. La petite cité est plus accueillante que la grande. Près du presbytère, je peux tamponner ma crédenciale.

Par une montée raide, j'arrive dans la garrigue, un terrain à la végétation composée d'arbustes de petite taille plantés sur un terrain pierreux. Il fait très chaud, je manque d'eau. Une balise rouge et blanc me dirige vers un petit groupe de maisons. Près de l'une d'elles, un ouvrier répare la bordure d'une piscine. Je recharge ma poche à eau avec l'accord de Mado, la propriétaire des lieux qui m'offre à boire.

Je reviens en arrière, accompagné d'un vieux monsieur. Nous en profitons pour remettre en place la pierre portant le balisage, a priori déplacée par un véhicule en passant.

Arrivée à Montarnaud. Au bar, je bois une boisson bien fraîche. Je l'ai bien mérité sous cette canicule. Y laissant mon sac, je fais mes courses pour ce soir et la journée de demain.

À la sortie du bourg, je trouve *Le Temps d'une Pause*, la maison de mes hôtes. Mon hôtesse m'offre une boisson et m'installe dans un gîte confortable. Je peux utiliser la piscine, ce que je fais modérément. En effet, la propriétaire fait aussi chambre d'hôte.

Un client, accompagné de son petit-fils, a dessiné une gravure les représentant. Cela n'est pas sans me rappeler les étapes passées sur le Chemin avec Yohan, mon petit-fils, en 2012.

39 : Aniane, Pont du diable, Saint-Guilhem-le-Désert, 22 km (599 km)

Belle journée en perspective puisque je passe dans deux lieux iconiques de la chrétienté. Tout d'abord Aniane où s'était établi Benoît d'Aniane, le rénovateur de la règle monastique bénédictine établie par Benoît de Nursie. Ensuite, Saint-Guilhem-le-Désert, la cité de Guilhem, fidèle de Charlemagne, qui fit bâtir l'abbaye de Gellone. Aujourd'hui, ce village est classé parmi les plus beaux de France.

« Le bonheur est parfois une bénédiction – mais le plus souvent, c'est une conquête. » (Paulo Coelho)

Avant de rejoindre ces lieux symboliques, je quitte Montarnaud. Rapidement, la route fait place à une importante falaise pleine de rochers et d'éboulis qu'il faut gravir. C'est le prix à payer pour changer de vallon. Les rochers font de nouveau place à la garrigue déjà longuement rencontrée depuis Montpellier. Ce long chemin est en fait la voie d'une ancienne ligne du train local. Une belle reconversion !

La garrigue fait place à la campagne verdoyante même si parfois le sol est teinté d'un rouge grenat. On dirait de la lie de vin. À un croisement, j'ai deux options : suivre le chemin de Grande Randonnée contournant la montagne ou passer par l'ancien tunnel ferroviaire de 350 mètres de long. Préférant l'inattendu, je choisis le tunnel en utilisant la torche de mon smartphone.

L'émoi est étonnant. C'est le noir complet. Je n'entends aucun bruit venant de l'extérieur, sinon le crissement de mes pas sur le gravier. La lumière est si faible qu'on s'attend à voir sortir, à tout moment, quelqu'un ou quelque chose des renfoncements du tunnel. Enfin, la lumière apparaît à l'autre bout du tunnel. L'épreuve est courte, prenante et captivante.

Je découvre l'abbaye d'Aniane, si chère à Benoît, dans un piteux état. Elle fut fondée en 782 par Wittiza, un aristocrate wisigoth, qui prit le prénom de Benoît en hommage à Benoît de Nursie. Il rénova la règle bénédictine sous la férule de Louis le Pieux, afin de la diffuser dans l'empire carolingien. Successivement abbaye, filature après la Révolution, centre pénitentiaire, centre pour jeunes délinquants... elle fut classée aux Monuments historiques en 2004 (il n'est jamais trop tard !). La communauté de communes en prit possession en 2010.

Je repars déçu de cette (fausse) visite derrière les grilles cadenassées. Espérons que la restauration envisagée sera plus convenable.

En route vers le Pont du diable sous un soleil écrasant, mon pas est plus lent. Il fut construit sur la décision des abbés d'Aniane et de Gellone. De style roman lombard, il fait l'objet d'une légende typique de cette période, loin de la réalité historique. Saint-Guilhem passa un marché avec le diable en lui offrant l'âme du premier être passant sur le pont terminé. Ce fut un chien. Par dépit, le diable se jeta dans l'Hérault, créant le gouffre noir. Jadis, en passant, les pèlerins jetaient des cailloux pour l'empêcher de remonter. Tradition perdue...

Remontant par un petit chemin en contrebas de la route, je découvre, les ruines de l'abbaye de Gellone bâtie au 8e siècle. Surplombant les gorges, les moines devaient avoir une vision très mythique de la terre, le ciel et la nature. Ils l'abandonnèrent au profit du site où j'arrive maintenant.

Qui est donc saint Guilhem ? Compagnon d'enfance de Wittiza, devenu Benoît d'Aniane, il servit vaillamment Charlemagne, notamment lorsque les Maures occupaient l'Aquitaine. Il devint Prince d'Orange. À 45 ans, à la mort de son épouse, il aspire à une vie de solitude. Il abandonne titre et gloire pour se retirer dans le vallon de Gellone. Il mourut en 812, et fut enterré dans l'abbatiale consacrée en 1076 sur le site portant son nom. Celui-ci est la représentation typique de l'art roman méridional.

Qu'en dire ? L'endroit est magnifique, prenant, poignant au-delà de la partie architecturale. La descente dans la crypte m'émeut, comme dans celle de la Madeleine de Vézelay. Quant au cloître, il est sublime. On comprend pourquoi le site est visité annuellement par 650 000 personnes.

Mes accueillants sont les Carmélites Saint-Joseph, un ordre de moniales intégrées dans le monde. Elles partagent leurs vies entre actions et prières. Très captivante conversation avec la sœur hôtelière.

Le soir, je participe à l'eucharistie avec un partage du pain (en l'occurrence un morceau d'hostie) et du vin me rappelant notre cérémonie pascale (clin d'œil !).

Comme vous le voyiez, une journée riche à conserver en mémoire.

40 : Arboras, Saint-Jean-de-la-Blaquière, 26 km (625 km)

Le groupe d'enfants, nous ayant précédés dans le gîte, a laissé de la nourriture. Nous l'utilisons pour le repas du soir et le petit-déjeuner. Merci à eux et aux sœurs. Que dire aussi du charmant petit jardin derrière la porte du gîte ? Il est particulièrement calme et serein.

En sortant du *Bout du Monde*, l'accueil de la communauté, Christina, une jeune Allemande ayant dormi au gîte, me demande si elle peut m'accompagner jusqu'à Saint-Jean-de-la-Blaquière, le terme de notre étape. Vous connaissez mon âme chevaleresque ! Sourires !

Nous commençons par une longue montée en lacets de 400 mètres de dénivelé positif sur cinq kilomètres pour sortir de la reculée de Saint-Guilhem. C'est raide pour un début de journée. En chemin, nous apercevons une grotte où devaient vivre des hommes préhistoriques, à moins que cela soit l'ermite dont m'ont parlé les sœurs du Carmel.

En route, je me mets à penser à ma longue conversation avec la sœur hôtelière, très ouverte sur la vision du monde actuel. Son approche de la religion me fit penser à cette interview d'Albert Camus à un journal du Caire : « *L'honnêteté consiste à juger une doctrine par ses sommets, non par ses sous-produits* ». Beau sujet de méditation.

La communication avec Christina est limitée. Ça va ? Oui, ça va... Bon, passons.

Dans la montée, un couple de jeunes Allemands arrivant d'Aix-la-Chapelle nous double. C'est leur première étape. Nous nous croiserons à plusieurs reprises. J'ai bien senti que Christina aurait préféré les rejoindre, c'est normal. Sniff... Ah, ces jeunes ! Elle reste malgré tout avec moi.

À Arboras, nous faisons une halte pour boire un verre frais, tant la chaleur est pesante. Nous assistons au bar, à une véritable scène de film de Pagnol entre une femme et le cabaretier.

Quand je demande un peu de glace, l'homme me répond d'un ton sec : « *Il n'y a pas de glace ici. Et quoi encore !* ». Gracieux le mec !

Que dire du reste du voyage ? Pas grand-chose. Saint-Jean-de-la-Blaquière est bien loin de mes attentes. J'imaginais une petite cité perchée comme Saint-Guilhem. Eh bien, non, c'est banal comme le gîte d'ailleurs.

Le couple germanique est arrivé quelques minutes avant nous, ainsi que Marie José et Bernard, ayant récupéré la clé chez le cafetier. Avec Bernard, nous échangeons sur l'art de la construction des abbayes et cathédrales. Marie-José me demande alors si je ne suis pas celui qui a cheminé avec Daniel le Bruxellois sur la Régordane. Chose confirmée en découvrant mon identité sur le relevé de l'hospitalier. Le monde est petit, Radio Camino…

Aujourd'hui, le premier jour de l'été, c'est mon anniversaire. Eh oui ! Je passe le cap des 66 ans. Nous fêtons cela avec une bouteille de vin du coin. Je suis désolé, Marie José et Bernard, j'ai oublié de prendre une photo. C'est tout moi cela, parfois tête en l'air.

C'est la fête de la musique au village (un karaoké), Bernard chante quelques chansons avant de se rendre chez le bistrotier organisateur. J'ai tout le dortoir pour moi, je peux ronfler de tout mon saoul.

41 : Usclas-du-Bosc, Saint-Michel-de-Grandmont, Lodève, 16 km (641 km)

Je suis le dernier à me lever. Christina rejoint le couple d'Allemands. Elle quitte le Chemin à Lodève pour rejoindre un couple d'amis dans les Pyrénées. Marie-José et Bernard veulent marcher plus longtemps, rejoignant Castres. Je me retrouve seul, j'en profite un peu. En remettant les clés du gîte au cafetier, celui-ci a les petits yeux. La soirée karaoké a dû être chaude.

La fleur au fusil, j'entame ma petite étape de 16 km à mon pas de sénateur. Le trajet est vallonné, beaucoup moins que précédemment. Au passage d'un gué, des petites bêtes veulent sucer mon sang. Si je vous dis qu'il n'est pas terrible… Mince, alors !

À Usclas-du-Bosc, l'ancien propriétaire du château me raconte son histoire. Que de péripéties ! Sur le haut de la porte, présence d'une coquille Saint-Jacques et de la gourde, emblèmes des pèlerins d'autrefois. Ce lieu fut à coup sûr une ancienne hospitalité qui devait soigner et remettre en forme les jacquets de l'ancien temps.

Autre spécificité du village, la présence dans le cimetière de 54 croix basques.

Nous pouvons nous poser la question de cette présence, une collection unique en Europe. Les originaux se trouvent au musée de Lodève. Dans le cimetière, il en reste 24 copies très parlantes.

Il faut désormais gravir de hautes côtes dont les dernières bétonnées. Quatre vététistes me doublent. Au sommet, fatigués par leurs efforts, ils s'arrêtent. Je passe devant. Cela ne dure pas longtemps. Quelques minutes plus tard, ils reprennent leur leadership.

J'arrive au point d'orgue de la journée, le prieuré Saint-Michel-de-Grandmont fondé au 11ᵉ siècle. Les moines y vivaient en autarcie comme le prouve la présence du vivier de poissons. Ils apportaient aide et assistance aux jacquets (pèlerins vers Compostelle) et aux romiers (pèlerins vers Rome). Une belle restauration par des familles pieuses l'ayant sauvé de la ruine et de la destruction pendant la période révolutionnaire. Je repars les yeux remplis de la beauté sobre du lieu, où ne régnaient qu'humilité et fraternité envers leur prochain.

Sur le plateau parsemé de nombreuses plaques karstiques, j'admire une figure créée par un artiste en herbe à partir des cailloux ramassés de-ci, de-là. Un signe que ne renieraient pas nos ancêtres.

Doucement, j'arrive à Lodève dont les premières traces datent de plus de 6 000 ans. Les Romains construisirent routes et ponts, et exploitèrent des mines. Sous Henri IV fut lancée la production du drap qui fit la fortune de la cité. Elle dura jusqu'en 1960. L'évêque le plus célèbre est saint Fulcran, qui entreprit de construire la cathédrale, rebâtie au 14ᵉ siècle. On peut admirer encore son ancien cloître.

En ville, le monument aux morts fait ressortir avec force ce qu'était le départ d'un être cher pour ceux qui restent, qui l'aiment et qui pleurent son absence. Mais, comme je le dis fréquemment, *« Le tombeau des morts réside dans le cœur des vivants »*.

Le gîte jacquaire est fermé. Françoise, de l'office de tourisme, me propose de rejoindre une habitante recevant les pèlerins.

J'arrive dans une très belle demeure, construite pour la famille d'un drapier célèbre de la cité, située hors de la ville et du chemin balisé. J'y suis accueilli par Chantal, alerte dame de 85 ans, défenseure de l'esprit jacquaire. L'accueil occupe la partie basse de la maison. C'est bien aménagé, sans oublier la gentillesse de mon hôtesse.

Au cours de la journée, je reçois l'appel de ma tendre Pauline (45 ans d'union) et de mes trois fils Cédric, Yannick et Frédéric pour mon anniversaire et la fête des Pères.

Cela fait chaud au cœur d'avoir près de soi, même en étant absent physiquement, des êtres qui vous aiment et que vous aimez. C'est la plus grande réussite de ma vie.

« L'amour, c'est la bienveillance inlassablement maintenue », disait Christian Bobin.

Alors que je sommeille arrivent Stéphane de Nancy et Julie de Marseille. L'accueil est plein. Ayant peu à manger, Julie nous concocte un plat à base de semoule avec moult légumes achetés à Lodève chez un marchand maghrébin. J'avais oublié que l'on était dimanche.

42 : Lunas, Le Bousquet d'Orb, 20 km (661 km)

Devons-nous passer par Joncels ? Telle est la question matinale se posant à notre trio. Le trajet du chemin est en forme d'U renversé, le bas de la patte droite figurant le départ, celui de la patte gauche l'arrivée. Nous tombons d'accord pour chercher une solution plus rapide, d'autant que la canicule du début d'après-midi s'annonce sévère.

Notre hôtesse nous l'apporte. Nous ne sommes pas les premiers à nous questionner, pour éviter d'emprunter la route départementale. Elle nous conseille de rejoindre le chemin balisé par le col, où la voie Tolosana cohabite avec le GR 7. Il ne faut pas se tromper sinon...

C'est ce que nous faisons. Mes compagnons de route sont rapides, ils m'attendent pendant quelques minutes en haut du col. À partir de là, nous cheminons sur de grands chemins de terre blanche tassée. Après 500 mètres sur le GR 7, nous suivons la piste menant à la vallée de la Nize, arrivant à Lunas. Cette belle cité médiévale est traversée par le Gravezon. Les maisons sont serrées les unes contre les autres. Son église paroissiale est classée Monument historique depuis 2001.

Nous y faisons halte pour manger un morceau sorti du sac.

Pendant que mes compagnons reprennent la route vers Le Bousquet-d'Orb, je visite l'église. À l'évidence, ils ne sont pas intéressés. Je les rejoins un peu plus loin.

Sous le soleil écrasant, la météo ne s'est pas trompée, nous arrivons au gîte de Roseline contactée par téléphone. Absente, elle m'a donné les instructions pour l'utiliser. Nous laisserons notre écot dans la boîte aux lettres. Très beau gîte, limité à trois pèlerins.

La soirée se passe traditionnellement. Nous faisons des courses. Mes compagnons de route sont très proches. Ils ont envie de continuer seuls, ensemble. Rien n'est imposé sur le Chemin.

Pour que la rencontre soit constructive, il faut être en phase. La nôtre est liée à l'opportunité de dormir dans le même gîte. J'en prends acte pour le lendemain.

43 : Mècle, Saint-Gervais-sur-Mare, 26 km (687 km)

Comme pressentis, ils s'éloignent rapidement. Ils ont leur bout de chemin de vie commune à vivre. Le début est rude. Je profite d'un échange avec un homme du pays pour ralentir. Bon voyage, amis randonneurs ! Peut-être deviendrez-vous cheminant un jour ?

Le sentier chemine à flanc de coteau au milieu de fougères, ronces, blocs de pierre... si bien que je m'interroge si je suis bien sur le tracé balisé. Heureusement, à plusieurs reprises, les marques rouge et blanches me rassurent, et m'engagent à continuer. J'atteins un nouveau sentier serpentant sur la montagne. Il me rappelle celui de ma chute de l'an dernier, toujours présente à mon esprit, et m'engage à la prudence.

« Prudence est mère de sûreté », nous dit le proverbe populaire.

Cela me fait penser à cette réflexion de Ralph Emerson : *« Ce qui se trouve devant nous et ce qui se trouve derrière nous importent peu comparés à ce qui se trouve en nous. »*

J'arrive sur un large chemin de terre DFCI permettant le passage des véhicules de pompiers. J'accélère le pas. La montagne autour de moi est fabuleuse.

Après une vingtaine de kilomètres, j'arrive à Mècle où se trouve un gîte d'étape au nom prometteur des *Amoureux du Chemin*. J'hésite à m'y arrêter, ayant pris du retard. Comme j'en ai encore dans les jambes, je pousse un peu plus loin pour arriver à Saint-Gervais-sur-Mare. Le village est désert. Tout le monde s'est enfermé.

Je pense que j'aurais peut-être dû rester à Mècle au milieu de la verdure. Regret idiot puisque je n'y retournerai pas. Voulant me rendre au gîte municipal, je vois arriver une quinzaine de cyclotouristes stationnant devant, comme une nuée de moineaux.

S'interpellant entre eux, je n'ai pas envie de me retrouver au milieu d'une foule braillarde. À la *Maison cévenole,* l'agent me renvoie vers Michel, un habitant recevant parfois des passants. C'est un bon choix, mon hôte est accueillant. Ayant le Wi-Fi, j'en profite pour envoyer des textes et des photos en ligne.

Je pars visiter la petite cité aux rues étroites, la chapelle des Pénitents blancs, le vieux quartier du château, et même assister à une partie de boules en buvant une bière achetée à la petite épicerie du coin.

Le soir, avec son épouse, nous partageons le dîner. L'échange est surtout centré sur la vie locale : la qualité du bois à brûler dans la cheminée, son temps de séchage, les inondations subies en septembre dernier par la population... J'en tire une leçon profitable : il faut écouter même si parfois, il est difficile de questionner à bon escient pour permettre à l'autre de s'exprimer, être attentif pour le reconnaître dans sa diversité. Tout cela pour apprendre, en toute humilité.

Vu de ma fenêtre, le soleil est tout rouge. Il est temps de dormir.

44 : Castanet-le-Haut, Murat-sur-Vèbre, 24 km (711 km)

Je quitte Saint-Gervais sur un chemin bétonné entre deux murets. Drôle d'impression d'enfermement. Après une montée raide (encore, eh oui !), le sentier s'élargit sur le plateau. La descente s'effectue à travers des bois rejoignant Andabre. Il fait déjà chaud. Nouvelle montée pour rejoindre Castanet-le-Haut dont le nom viendrait de châtaigneraie. Encore et toujours des montées sur de grands chemins ou des petits sentiers rocheux à flanc de coteaux à vous couper le souffle.

Goethe disait : « *On peut bâtir quelque chose de beau avec des pierres qui entravent le chemin.* »

Que dire ! Je souffre dans les montées, en plein soleil. Je suis à l'aise sur le plat quand c'est ombragé. La vie du cheminant, quoi !

Le point culminant est le cap de Faulat culminant à 1 081 mètres. En définitive, cette montée de 600 mètres de dénivelé positif s'est bien déroulée. Comme quoi, on s'habitue à tout. Le reste du parcours est facile, notamment à Ginestet où les habitants sont accueillants.

L'arrivée à Murat est intéressante avec ses haies protectrices du bord de la route. Mais, je déchante bientôt. Le distributeur d'argent du Crédit Agricole est inactif, le bureau de tabac possédant un distributeur est fermé. Il me reste une dizaine d'euros en poche, pas de quoi me rendre au gîte d'étape des Menhirs.

Solution de repli, le gîte municipal (6,50 €). Les quelques euros restants me permettent de faire quelques courses à l'épicerie du coin.

Que dire de ce gîte ? C'est froid, humide… Sa porte voisine avec les toilettes publiques. Vous sentez l'odeur… La douche est commune avec le camping voisin. Comme vous vous en doutez, j'ai très mal dormi, surtout à cause des mouches. Bref ! Pas un bon souvenir.

C'est le Chemin, quand on ne dort pas à l'hôtel ou en chambre d'hôte… Des bons et moins bons jours.

45 : Villelongue, La Salvetat-sur-Agout, 22 km (733 km)

Après un petit-déjeuner rapide, je retire 100 € au bureau de tabac. Un vrai plaisir de palper des billets pour poursuivre ma route. Il est 9 h du matin, l'étape prévue est courte. Ayant mal dormi à cause des bruits, de l'humidité, des mouches, j'ai un mauvais mal de crâne.

Pour une fois, je ne débute pas par une montée, bien que je sois à 850 mètres d'altitude. L'étape se déroule entre 700 et 900 mètres. Un air sain. Pas d'incident, sauf au moment de la perte du marquage. Les croix jacquaires sont de plus en plus présentes.

Je m'arrête pour déjeuner au bord du lac de Lacuzas. Seul, je m'approprie une petite étendue de sable parsemée de cailloux. Ce n'est pas Cannes ici… J'en profite pour me mettre à l'aise, et faire un somme malgré la chaleur du soleil. Je suis réveillé par une moto pétaradante passant sur le chemin. Encore un qui s'amuse à faire du cross sur les GR ! Mais que fait la police (sourires) ?

Je reprends la route. Dure montée pour rejoindre l'église de Villelongue avant la descente pierreuse vers La Moutouse. J'arrive enfin (j'ai soif !) à La Salvetat-sur-Agout. Ce nom ne vous dit rien ! Bien sûr que si, la célèbre eau gazeuse ayant sa source et son embouteillage ici.

L'office du tourisme et le gîte se trouvent dans la vieille cité, bâtie sur un éperon rocheux.

L'Église prenait sous sa protection les exclus et les blessés du Chemin. D'où son nom pouvant se traduire par « Sauvé ». Le gîte communal occupe l'ancien presbytère. Étant seul, je choisis ma chambre.

Nouvel incident venant perturber ma soirée et la matinée suivante. Encore un problème d'argent. Après mes courses à l'épicerie, payées avec la carte bancaire, je ne la retrouve pas en rangeant mes affaires pour demain matin. Ni d'ailleurs mon retrait du matin. Que faire, il est 20 h ? Je fais le tour de la vieille ville aux endroits où je suis passé. Rien. Les commerçants sont tous fermés. Il faut attendre demain.

Il y a parfois... la loi des séries. Je préfère ne rien dire à mon épouse lors de notre conversation téléphonique quotidienne. On verra demain...

46 : Anglés, 21 km (754 km)

Seconde mauvaise nuit, cette perte tournoyant dans ma tête. Bien sûr, mon épouse peut m'envoyer un mandat-cash, mais je dois aussi faire une déclaration de perte à la banque, à la gendarmerie, récupérer une nouvelle carte bancaire... et continuer comme si de rien n'était.

À l'ouverture de l'épicerie, je questionne la vendeuse. Espoir déçu. Il en est de même à la mairie, au tabac... On n'a rien rapporté. À la gendarmerie, il m'est répondu qu'on n'a pas le temps de s'en occuper, et que je peux le faire plus tard. Dans cette situation, on s'aperçoit que tout ce qui semble aller de soi s'écroule comme un château de sable. On est démuni, sans trouver d'aide.

Une bonne étoile surgit enfin : en arrivant à l'office de tourisme pour déposer la clé du gîte, l'agent me remet mon support de cartes trouvé par un vieux monsieur. Il y a tout... sauf l'argent retiré la veille. Bref, quelqu'un s'est servi. Je suis si content d'avoir récupéré les cartes que j'en reste là. Il ne sert à rien de protester, de déposer plainte sur l'argent « perdu ». Je quitte le village vers 10 h.

« De ton ami, dis du bien, de ton ennemi, ne dis rien » (Proverbe arabe)

L'étape se déroule dans le parc naturel du Haut-Languedoc, passant de l'Hérault au Tarn. Seules rencontres, des lapins ou des lièvres ? Au loin, les bruits de l'activité humaine, notamment le sciage de bois. Passages au Pech de la Crémade et au Puech d'Olivet, ces termes signifiant montagne ou point culminant.

Anglés est une ancienne ville fortifiée offrant peu d'intérêt. Je dors au gîte municipal où je fais ma popote du soir. L'accueil local est mitigé. Peut-être n'étais-je pas assez disponible ? Pourtant, une certaine chance est avec moi.

47 : Boissezon, Noailhac, Castres, 36 km (790 km)

J'entreprends très tôt mon cheminement vers Castres. J'accélère le pas, les journées précédentes étant peu satisfaisantes. Après des petites routes sans voiture, c'est le royaume de la forêt qui m'accueille.

Cette région, comme d'autres, lutta au cours de la Seconde Guerre mondiale contre les occupants nazis et la Milice. Les habitants d'une ferme, devant laquelle je passe, cachèrent un commando combattant pour notre liberté.

« C'est en essayant encore et encore que le singe apprend à bondir. » (Proverbe africain)

Au bout d'une vingtaine de kilomètres, j'atteins Boissezon, un ancien village fortifié blotti au creux des montagnes. Le lieu fait l'objet d'une légende mettant en scène le sieur Seve qui aurait rencontré une nymphe aux pieds et bras très longs. Autre légende : *« Si à la Chandeleur apparaît une belle femme aux longs cheveux nommée Salimonde qui croque une pomme, la récolte sera bonne. »*

Je passe à Noailhac quitté rapidement pour me rendre à Castres.

L'arrivée n'est pas folichonne. C'est long, fastidieux, inintéressant. Au centre, qui devait constituer le castrum donnant son nom à la cité, je découvre l'œuvre d'un artiste local : la statue d'un pèlerin géant courbé résistant au vent. Je pense à Jaurès, un enfant de la ville.

Détour à la cathédrale : je n'aime pas son style. Je fais l'impasse du musée Goya. Cela ne m'empêche pas d'admirer les belles maisons de toutes couleurs entassées sur le bord de l'Agout.

Je dors dans un gîte. Sans commentaire.

Le soir, faisant un tour en ville, à l'extérieur du centre, un orchestre joue devant un bar. La musique de *« l'Air en Tête »* est bonne, le chanteur a du talent. Un bon moment festif.

48 : Viviers-lès-Montagnes, Dourgne (abbaye En Calcat), 20 km (810 km)

Aujourd'hui, petite étape m'amenant vers un lieu de recueillement au pied de la Montagne noire. Ma pensée du jour est issue d'un texte signé Henri Guérin, trouvé dans un ouvrage édité sur cette abbaye.

« Pour moi, l'artiste est un mendiant, les mains vides, le cœur brûlant d'attente que la Providence lui fasse don d'une inspiration fragile comme le souffle. Lorsqu'elle paraît, il accueille avec étonnement l'inconnu sorti de lui. Sa vie intérieure prépare cette disponibilité d'accueil. Dans tout art, la poésie vient du recueillement d'une grâce. »

Modestement, j'ai cette impression lorsque je dois rédiger un article, une planche, une conférence... L'inspiration semble venir des profondeurs de mon « *intérieur* », sans maîtrise ni contrôle...

La sortie de Castres est agréable dès les premiers mètres le long de l'Agout. Ce dimanche, il a peu de monde dans les rues. Je traverse de nombreux petits villages sous un soleil bien présent. Le plus représentatif est Barginac, proposant un lieu de repos à l'ombre.

Pas à pas, je m'approche de Viviers-lès-Montagnes. Le chemin se perd au milieu des villas neuves. Le vieux village apparaît enfin. Je me découvre au passage d'un enterrement. Ici, c'est un pays protestant.

Continuant mon chemin, j'apporte mon aide, avec deux automobilistes, à un vieux monsieur dont la voiture est tombée dans le fossé à la suite d'une mauvaise manœuvre. Il est tiré d'embarras. Apparaît alors une roulotte tirée par un cheval se rendant dans un accueil fermier voisin. Les enfants ont l'air de bien s'amuser.

Je n'ai pas le temps de traîner, l'ardeur des rayons du soleil est particulièrement forte.

Après de nombreuses heures, j'arrive en vue de Dourgne[10] où siègent deux abbayes voisines. La première est celle des moniales portant le nom de la sœur de saint Benoît de Nursie, *sainte Scholastique*. Clin d'œil à mon épouse qui porte ce nom de famille. La seconde est celle des moines bénédictins où je me rends ce soir. Proches l'une de l'autre, elles furent construites à la même période, grâce au don d'un habitant local devenu le premier abbé d'En Calcat.

Accueilli par le frère hôtelier, comme jacquet, il m'affecte une chambre dans l'hôtellerie intérieure. L'accueil d'un hôte, quelle que soit sa spiritualité, est l'un des critères universels d'humanité d'une civilisation. Le lieu est moderne, simple, confortable. Je peux travailler et écrire dans de bonnes conditions. J'assiste aux Vêpres où une trentaine de moines chantent des psaumes avec sérénité et justesse.

Je suis loin de mon dernier séjour à Ganagobie (Alpes-de-Haute-Provence). Il est vrai que l'église est vaste, plus récente, que les moines sont plus nombreux.

---

10 Dourgne est une cité étonnante avec la naissance de ses quatre saints : *saint Macaire* et sa source guérisseuse, saint Chipoli ou *Saint-Hippolyte*, saint Ferréol et sa Capelette, *saint Stapin* le géant. Ce dernier, ermite et évêque de Carcassonne, est le saint patron du village, fêté le 6 août. (Alain Lequien, **Les mystères de Saint-Jacques-de-Compostelle** – Ed. De Borée).

À 19 h sonnant, après le lavement de mes mains par l'abbé, jadis, c'étaient les pieds, je participe au repas communautaire avec les moines et les retraitants venus se ressourcer. Ici, pas de lecture de texte, mais en toile de fond, une musique liturgique.

Repas simple : soupe, plat de légumes gratinés, fromage, fruit, un peu de vin. Puis, chacun rapporte en cuisine assiette, verre et couverts au lavage et met la main à la pâte pour l'essuyage.

Je retrouve mon tablier d'hospitalier du Puy. Le silence est de rigueur. L'un des retraitants voulut me parler, il est remis en place par le frère hôtelier.

Me rendant à l'hôtellerie extérieure pour connecter mon PC au Wi-Fi, il ne fonctionne pas. J'échange avec l'accompagnatrice d'un groupe de cinq personnes. À leurs visages burinés, ce sont de grands blessés de la vie. L'un d'eux me raconte sa descente aux enfers. S'éloignant des ennuis matériels et conjugaux, Pierre chemina plus de trois ans sur les chemins de Compostelle, comme le *« compagnon de la route »* du Puy-en-Velay. Il sombra dans l'alcoolisme, les larcins et la perte d'identité. L'association lui permet de se reconstruire, mais me dit-il, *« C'est très dur de remonter la pente »*.

Cet homme m'émeut par sa simplicité, sa volonté de redevenir quelqu'un dans une société qui l'a rejeté. Il sait qu'il a encore beaucoup de travail pour, m'a-t-il dit, *« redevenir un homme debout »*. Hors du Chemin, je n'aurai peut-être pas fait attention à lui.

49 : Sorèze, Revel, 18 km (828 km)

Je me lève en pleine forme après avoir écrit tard. Les événements mitigés de ces derniers jours, ce lieu serein, cet écrit d'Henri Guérin dans la brochure... déclenchent mon envie d'écrire et de réfléchir.

Après le petit-déjeuner pris en libre-service, j'assiste à l'office du matin pour continuer à me recharger en énergie. Je comprends que certains y consacrent leur vie entière.

Ma pensée du jour : *« On a trois ou quatre fois dans sa vie l'occasion d'être brave, et tous les jours celle de ne pas être lâche. »* (René Bazin)

Vers 8 h 30, je rejoins le tracé du Chemin de Compostelle. Je chemine entre petits sentiers le long d'une route nationale, sentiers de terre et petites routes goudronnées traversant des champs de culture. En téléphonant aux Cassés, j'apprends que le gîte est fermé jusqu'au 14 juillet. Cela change mes plans, avec cette chaleur étouffante. Je ne peux que réduire mon trajet en m'arrêtant à Revel, soit 17 km de moins que prévu. Je verrai sur place s'il existe une autre solution.

Petit à petit, je m'approche de Sorèze dont l'abbaye fut fondée en 754. J'ai envie d'en visiter ce qui en reste. En arrivant, je découvre dans la vieille ville des façades de maisons datant de l'époque médiévale.

Au 17ᵉ siècle, l'abbaye devint une école accueillant gracieusement des élèves pour leur dispenser un enseignement général. Celui-ci évolua vers l'art de la guerre et le sport, en devenant une école militaire, supprimée à la Révolution. Elle retrouva son enseignement général par la suite. Depuis 1990, le lieu est devenu un musée avec des salles d'expositions, et un hôtel-restaurant de charme. Malheureusement, il n'a pas possible de visiter l'abbatiale.

Direction Revel, non loin de là. La chaleur de plus en plus forte. Je ne sais toujours pas où dormir ce soir. J'attends l'ouverture de l'office de tourisme. À l'intérieur, un vieux peintre propose de m'héberger. Je n'ai pas le moral à engager de grandes conversations, ce qui a des chances d'arriver. J'ai envie de continuer à écrire, dans le calme. Je prétexte une grande fatigue, ce n'est pas loin d'être vrai. L'agente de l'office, très disponible et aimable, me dirige vers le gîte associatif. J'y suis très bien accueilli par le couple d'hospitaliers qui met tout en œuvre pour leur unique pèlerin. Merci à eux.

Vers 21 h, en fait, ce fut dodo. L'étape sera longue demain.

50 : Les Cassés, Montferrand, 32 km (860 km)

Désirant partir tôt, mon hospitalier a préparé le petit-déjeuner vers 6 h 30. Mon trajet est simple : suivre la Rigole de la Plaine alimentant le canal du Midi. Dans un premier temps, elle prend la piste cyclable du lac de Saint-Ferréol à celui de Lenclas. Ensuite, une sente longeant la rigole m'amène aux environs de Montferrand. Ses arbres majestueux me protège des dards du soleil.

Il m'a fallu peu de temps pour rejoindre ce beau chemin. Que dire ? Pour certains, c'est un parcours sans charme. En ce qui me concerne, je l'ai apprécié. À chaque courbe, c'est un paysage différent. Pas de marcheurs, quelques joggeurs, des cyclistes aux chemises chamarrées de leurs clubs ou marques, d'autres sur leur bicyclette allant faire leurs courses au village. Le monde quotidien.

Vers 11 h, près du lac de Lenclas, je m'installe pour déguster *l'ardoise du pèlerin*. Pour 10 €, il y a de la salade, des crudités, du jambon, du saucisson et une potée de haricots entourant des morceaux de veau. Un contenu frugal, bien fourni.

Le vent se lève soudain avec brutalité. Sous forme de bourrasques, on les appelle ici les *vents d'autan*, provenant de la Méditerranée. Ils peuvent souffler jusqu'à 150 km/h. Je pense à ce proverbe chinois découvert ce matin : « *C'est s'aimer bien peu que de haïr quelqu'un, mais c'est haïr tout le monde que de n'aimer que soi.* »

Non loin de là, des véhicules déversent des enfants venus s'ébattre près du lac, sous la responsabilité de leurs animateurs. Leurs cris créaient un esprit de fête. On se croirait dans une colonie de vacances. Il faut dire que jouer non loin de ce lac bleu doit être rafraîchissant.

Repu, je reprends ma route. En passant, je croise un couple de Bordelais à bicyclette croyant s'être égarés. Je leur confirme qu'ils sont dans la bonne direction. Un quart d'heure plus tard, c'est au tour d'un couple de Narbonnais en tandem. Me voilà devenu guide...

Le cheminement se déroule tranquillement puisque le trajet est plat. Plutôt que de rejoindre le canal du Midi dès ce soir, l'hospitalier de Revel m'a conseillé de sortir aux Pagès pour rejoindre Montferrand par la route. Un raccourci de 4 km. Pas mal pour un jour où j'effectue une longue distance. Toutefois, je dois subir la chaleur du soleil sur le macadam sans ombre. La montée raide vers le bourg est difficile en cette fin de parcours. Au sommet, une très belle vue de la région.

J'arrive à *La Porte de Marie*, un accueil chrétien situé près d'une ancienne église transformée en habitation. Autrefois, Montferrand était une forteresse cathare tombée en 1211 sous les coups de Simon de Montfort. Nous sommes en plein pays où *Parfaits* ou *Bonshommes* dispensaient leur croyance qui fit peur à la papauté, au roi de France, aux seigneurs du nord du royaume.

L'accueil est presque luxueux pour un cheminant en route vers son idéal. Il possède sa propre chapelle. Au moment des Vêpres, j'accompagne sans obligation les deux officiants laïcs à lire des psaumes.

En dînant ensemble (très bon et copieux), nous échangeons sur les religions en général, les pratiques anciennes et actuelles des rites chrétiens. La présence de chrétiens nazaréens auprès de Mahomet serait révélatrice du devenir de la religion islamique. Il reste à en étudier les conséquences. Un moment spirituel de partage.

Toute la soirée et la nuit, les vents d'autan soufflent en bourrasques. Surnommé *le vent du diable*, il fatigue nerveusement hommes et animaux durant plusieurs jours selon les historiens.

Mais votre serviteur, la tête remplie de nouvelles interrogations à approfondir, s'est endormi rapidement, comme si le travail de classement devait se faire pendant son sommeil.

51 : Avignonet-Lauragais, Baziège (canal du Midi), 25 km (885 km)

Comme Jean-Louis, l'hospitalier de Revel, mes accueillants me conseillent de rejoindre Toulouse par le canal du Midi. Il est prévu une température de 40° dans l'après-midi. Pas question de passer outre ces conseils avisés en prenant le chemin des coteaux par cette chaleur. Il faut savoir être un peu raisonnable !

Pour l'instant, je redescends la colline vers Avignonet-Lauragais par un chemin de campagne. Le vent capricieux est toujours présent, une spécialité de cette région du Lauragais. Il permettait de faire tourner les moulins pour moudre les céréales. De nos jours, ce sont des éoliennes. Changement d'époque.

Avignonet est un joli village. Je découvre une tour isolée ayant la forme d'une poivrière, édifiée en 1610 pour renforcer la défense de la cité. Vers 1850, elle reçoit une statue. Celle de Simon de Montfort, le vainqueur de la croisade albigeoise ? Un bandit de grand chemin, Michel de Paulo, y fut enfermé vivant jusqu'à « mort s'ensuive ».

Voltaire disait : *« J'ai décidé d'être heureux parce que c'est bon pour la santé. »* Comme cette maxime est juste.

J'arrive au canal du Midi grâce à l'obligeance d'une dame me voyant chercher ma route. Elle m'y dépose en voiture. Mes sandales remplacent mes chaussures de trail. Il faut être à l'aise dans ses baskets.

Tout de suite, j'ai aimé ce large canal avec ses arbres permettant de rester quasiment en permanence à l'ombre. La présence du bruit de fond lancinant de l'autoroute en perturbe un peu la quiétude. On ne peut pas tout avoir. Tout le long, une série d'écluses.

Mangeant un morceau le long de la voie sur une table de pique-nique, un chien semblant perdu passe me voir. En repartant, il me suit. Se trouvant le plus souvent devant moi, il se retourne pour voir si je suis là. À l'évidence, il recherche une compagnie. Près d'une écluse, il s'assoit sur le bord de l'eau comme si ma compagnie n'était plus nécessaire. Peut-être a-t-il envie de faire du bateau-stop ?

J'aperçois assis sur un banc Abel, un jeune Catalan de 25 ans en compagnie de son jeune chien noir, Hazard.

Le jeune homme paraît exténué, au bout du rouleau. Nous engageons la conversation en franco-anglo-espagnol et avec les gestes pour nous comprendre. Nous repartons ensemble.

Amaigri, il doit peser 60 kg tout mouillés, portant un lourd sac et son matériel de camping. Quant à Hazard, il porte sa nourriture dans une sorte de bandoulière sur le dos. Un drôle d'équipage ! Parti de Barcelone depuis plus d'un mois, sur un coup de tête, semble-t-il, il est passé par Andorre, Carcassonne… jusqu'ici. Il parcourt 15 à 20 km par jour, en tournant des vidéos mises en ligne. Je ne sais pas s'il faut donner du crédit à cela. Il me parle beaucoup de sa mère qui s'inquiète pour lui. Je la comprends, ce jeune homme ne me paraît pas préparé à son équipée.

Nous cheminons jusqu'à l'écluse d'Ayguesvives. Ne sachant pas où dormir, ne pouvant pas se payer le gîte, je lui conseille de se rendre dans un camping situé près de là. Je sens qu'il cherche à s'accrocher, mais je ne peux pas faire grand-chose. En fait, ce garçon a besoin de parler. Je suis sans tente, et mon voyage du jour se termine à Baziège où j'ai retenu ma nuitée. Avec son chien, il a peu de chance d'être accueilli dans un gîte.

C'est le cœur serré que je le quitte, me sentant responsable de lui. Je sais, par expérience, que le destin nous joue souvent des tours. Peut-être que demain nos voies se recouperont.

Baziège est un gros village, avec peu de commerces, situé hors du Chemin. Dans une épicerie, j'achète un coca hélas pas frais, les machines produisant le froid sont en panne. Drôle de pays.

Au gîte des Amis de Saint-Jacques en Occitanie, les hospitaliers m'accueillent avec sympathie. Arrive Colette, une professeure belge reprenant le Chemin là où elle s'était arrêtée, c'est-à-dire ici. Demain, nous ferons marche commune.

Nous dînons en mettant en commun ce que nous avons. L'ambiance est chaleureuse. Avant de rejoindre nos chambres, notre hospitalier nous amène sur la route que nous suivrons demain pour rejoindre le canal. Je n'ai qu'un regret, ne pas avoir proposé à Abel de venir au gîte. Peut-être, aurions-nous trouvé une solution pour son chien ?

52 : Toulouse (par le canal du Midi), 26 km (911 km)

Nous rejoignons le canal du Midi par la sortie préconisée par l'hospitalier. Les enfants du village ont été mis à contribution, de manière imaginative et intelligente, pour faire la promotion du lieu. Une belle idée d'utilisation des talents, comme dans certains villages espagnols.

J'ai reçu un message de mon éditeur pour un ouvrage à paraître en fin d'année : *Les mystères de Bourgogne*. Coécrit avec deux auteurs de la même maison d'édition, je dois relire les textes me concernant et donner mon aval pour l'édition. Environ 200 pages. Je dois imprimer les textes pour y travailler lors de mon cheminement. Les corrections seront renvoyées quelques jours plus tard. Un poids supplémentaire dans le sac. La vie continue...

En rejoignant le canal, la route suivie est une ancienne voie romaine. Le terrain étant marécageux, les Romains l'ont surélevé, d'où la présence de petits ponts permettant à l'eau de s'écouler. Arrivés au canal, nous retrouvons Abel assis sur un banc. Il a dormi au bord du canal. Très fatigué, je lui donne de quoi se restaurer ainsi qu'à son chien.

Colette continuant vers Toulouse, j'ai avec Abel un échange clair, en lui disant qu'étant donné son état de fatigue, il ferait mieux de se reposer à Toulouse. Il est fermé à cette idée, voulant rejoindre à tout prix Bordeaux. Comme on dit dans mon pays, *« on ne fait pas boire un âne qui n'a pas soif »*. Face à cette situation, je pense à cette sage remarque d'un ami : *« En cas de gros problèmes, efforce-toi de ne résoudre que le présent, sans dramatiser, sans te projeter dans un futur lointain qui n'existe pas. »*

Moralement, je ne peux pas le laisser seul. Je décide de l'accompagner à Toulouse, quitte à prendre un peu de retard. C'est sans importance, le temps est relatif. Mon idée est de le convaincre de rentrer chez lui, quitte à repartir plus tard dans de meilleures conditions. Les événements jouent en ma faveur lorsque son smartphone donne des signes de faiblesse. Quand je lui parle de réparation, il me dit qu'il est sous garantie... à Barcelone.

Entretemps, Colette nous a attendus. C'est donc un trio qui se dirige vers la capitale de la région Midi-Pyrénées. Nous découvrons de nouvelles écluses, une bande de canards semble nous suivre, prête à nous attaquer en force. Des coquillards ? Un peu plus loin, un village de bateaux installés à demeure sur les bords du canal, et les inévitables moustiques efficaces et gourmands.

Près de l'Université, Abel est si fatigué qu'il s'assoit sur un banc. Je propose de rester avec lui. Peu à peu, il retrouve force et vigueur, devenu plus sensible à la raison. Je le convaincs d'aller à l'Office de tourisme pour contacter sa mère à laquelle il tient tant. Je m'appuie sur le fait que, sans téléphone, il ne pourra pas rester en contact. C'est peut-être fallacieux, mais c'est le résultat qui compte.

Abel s'est enfin décidé. Il accepte de repartir en train vers Perpignan, ayant reçu la confirmation que sa mère viendra le chercher pour le ramener à Barcelone. Tenant à ce qu'il mette son projet à exécution, je lui prends son billet et l'accompagne à la gare. Dans l'attente de l'heure de départ, nous visitons la basilique Saint-Sernin. Il tenait à la voir. Tout finit bien pour lui, en espérant que sa mère le persuadera de se reposer, de se retaper avant de reprendre son envol.

À la gare, je reste sur le quai jusqu'au départ du train. Après avoir récupéré mes 200 tirages (cela pèse dans le sac), je fais des courses (il faut bien manger) et pars dormir à l'Auberge de jeunesse. Je ne la recommande pas, hélas : c'est très bruyant. Dans la chambre à quatre lits, un vieil Anglais bougon et râleur. Le troisième lit est occupé à partir de 3 h du matin par un Sud-Américain. À oublier très vite.

53 : Pibrac, Léguevin, L'Isle-Jourdain, 21 km (932 km)

La sortie de Toulouse est très différente de la belle entrée par le canal du Midi. Désormais, ce sont des zones industrielles (Airbus, aéroport). Les guides préconisent de prendre le train jusqu'à Pibrac ou Léguevin. Je choisis la première destination en y allant à pied.

Pibrac est le village de sainte Germaine qui vécut au 16e siècle. Sa vie fut loin d'être un parcours de plaisir. Selon la tradition, on retrouva son corps intact, malgré la chaux vive utilisée par les révolutionnaires pour le faire disparaître. La basilique en son honneur fut construite au début du 20e siècle, terminée en 1967.

Je marche seul, après cette mauvaise nuit. Les villages s'enchaînent jusqu'à Léguevin où existait un hôpital pour pèlerins. Dernière ville de Haute-Garonne, j'entre dans le Gers.

« La vie est parfois grave, souvent légère, jamais sérieuse. » (Christian Bobin)

Sur le bord de la route, une stèle annonce l'ancienne présence d'un hôpital de pèlerins. À mon pas de sénateur, je me dirige vers la forêt domaniale de Bouconne.

Un lieu agréable, protecteur du soleil bien présent. La Vierge serait apparue à saint Dominique pour lui demander d'instaurer la pratique de la prière du Rosaire.

Au détour du chemin, j'ai le choix entre continuer le parcours traditionnel, ou suivre le chemin historique de Pujaudran. Devinez! L'étape est courte, je ne risque pas grand-chose à suivre ce dernier, espérant en apprendre plus. Son parcours est moins abrité du soleil.

Il n'est pas loin de midi (eh oui! je traîne). Je m'arrête à la pizzeria du village à l'enseigne du zèbre. Étonnante, cette enseigne. Allez savoir pourquoi! La pizza est excellente. Elle sert de cantine à une entreprise, de nombreux clients portant le même tee-shirt noir.

L'arrivée à L'Isle-Jourdain est moyenne. Longue ligne droite vallonnée par moment. Il m'a fallu du temps pour trouver le gîte de pèlerins situé près du Grand Lac et de la piscine. J'y retrouve Colette, croisée à Baziège et deux lycéennes.

Parti aux Croisades, le seigneur de l'Isle aurait baptisé son fils dans le Jourdain. De retour, il donna le nom du fleuve (Jordan en occitan) à la cité. Ressemblant à une île au milieu des marais, elle devint L'Isle-de-Jourdain, puis L'Isle-Jourdain, son nom actuel. Ici est né saint Bertrand, le bâtisseur de l'ancienne cathédrale de Saint-Bertrand-de-Comminges, sur la voie du *Piémont pyrénéen* (GR 78). Une voie que j'ai parcourue à plusieurs reprises. Fantastique!

Le soir, partage du repas sur une table à côté du lac, puis retour en ville pour écouter un orchestre local jouant du jazz. J'ai apprécié, Colette et les lycéennes, beaucoup moins. Ainsi se termine cette journée.

54 : Gimont, L'Isle-Arné, 32 km (964 km)

Comme d'habitude, je pars le dernier. Colette se rend à Lamothe. Je n'ai rien décidé. J'aime choisir en fin de matinée le lieu où je m'arrête. Parfois, c'est le destin qui décide. Comme toujours, je suis open pour les événements se présentant en cours de journée.

Le début du trajet se déroule sans événement majeur, hormis ces moustiques toujours affamés. Le temps est orageux, le ciel couvert. Tranquillement, je franchis mes onze premiers kilomètres jusqu'à Monferran-Savès où je bois un café à l'unique commerce du village.

Vers Giscaro, je rejoins les lycéennes et Colette, assise sur un banc, souffrant de ses ampoules. Nous marchons lentement vers Gimont, un village tout en longueur.

Midi sonne. Les jeunes filles rejoignent leur gîte. Ayant parcouru 24 km, nous mangeons un sandwich dans un bar. Le propriétaire attendait notre venue, annoncée par le mari de la tenancière m'ayant servi un café à Monferran-Savès. Radio-Camino[11] fonctionne bien.

Colette continuant sa route, je visite à la sortie de Gimont la chapelle mariale Notre-Dame-de-Cahusac. Son plan est une réduction de l'église voisine. Elle fut bâtie après l'apparition de la Vierge en 1513 à un jeune berger. Lieu de pèlerinage de la Gascogne, elle possède une Vierge vénérée sous le nom de « Notre-Dame de l'Orme ».

Reprise du chemin L'Isle-Arné. À deux kilomètres du gîte, je rejoins Colette assise sous un arbre. Nous discutons de choses et d'autres lorsque le propriétaire de la maison d'en face nous rejoint. L'occasion d'échanges sur le Chemin de Compostelle...

Il faut reprendre la route, il fait encore chaud. Après être passés devant le « château », nous rejoignons notre terre d'accueil du soir. Il n'y a personne, nous nous installons. Dans la soirée, nos hôtes Martine et Gérard apparaissent. Nous réglons notre obole, étonnés du supplément de 5 € par personne, car nous dormons dans des pièces séparées. Je trouve ce geste petit et mesquin. Je comprends pourquoi la foule ne se bouscule pas à la tête de Martine quand je refuse le massage de pieds proposé. Le repas est généreux, nous mangeons en tête à tête, sans nos hôtes. Une façon un peu trop commerciale à mon goût.

Le soir venu, alors que je tente de travailler sur les épreuves du bouquin (eh oui ! *Épreuves*...), Martine vient échanger avec nous. Une discussion intéressante, loin de mes attentes. Elle dura, dura... La fatigue gagnant, je ne fais pas grand-chose. Quand cela ne veut pas, il faut savoir faire le dos rond. Demain est un autre jour...

« Gribouiller, c'est laisser parler son inconscient, se calmer avec des gestes simples. C'est laisser vagabonder son esprit, et peut-être, trouver une solution à un problème. »

55 : Montégut, Auch (Saint-Cricq), 20 km (984 km)

Pour cette journée, je prends comme maxime celle affichée au gîte : *« La joie est dans tout, il faut savoir l'extraire. »*

---

11 **Radio Camino** désigne le lien informel entre pèlerins, hospitaliers et parfois habitants d'une région traversée. C'est une source souvent fiable d'informations, mais aussi de rumeurs. Il faut donc exercer son esprit critique et prendre du recul.

Après les 32 km d'hier, je prévois une raccourcie pour rejoindre Auch. J'ai choisi de dormir à *La Croisée de Saint-Cricq* tenu par Christine et Marco, située aux portes de la cité.

Colette étant partie, je continue la correction des épreuves des *Mystères de Bourgogne*. Gérard vient discuter. De nouveau, cela dura, dura... si bien qu'il est préférable de partir. C'est peut-être ce qu'il voulait en fait... Oublions !

Avant Lussan, je double Colette, handicapée par ses ampoules. Pour moi, cela n'est pas le cas. Physiquement et moralement, tout va bien, sauf peut-être cette chaleur pesante. Une vraie plaie en restant des heures sous le cagnard. La prudence est de boire fréquemment, à petites gorgées. Ma poche d'eau est idéale.

Je sors du parcours pour relire quelques pages. Ouf ! J'avance. Rejoignant le parcours, Colette arrive. De concert, nous arrivons au château et à la chapelle à Montégut. Alors que Colette se restaure, je continue, décidé à travailler au calme au gîte.

L'arrivée est géniale. Je suis accueilli par Marco, originaire de Dijon, réparant une fuite au liner de la piscine. Je m'y trempe les pieds, une bonne idée pour se détendre après la marche. Christine, mon hôtesse, nous rejoint. Nos hôtes sont sympathiques, ouverts. Nous avons une riche discussion. Ayant pris ma douche, Colette arrive. Je me retire pour continuer à travailler...

Notre repas sur la terrasse est animé. La nourriture est abondante, le vin de qualité, l'ambiance chaleureuse. Quelle différence avec hier ! Tout se termine par une tisane à la sauge cueillie dans le jardin. Mes amis, un lieu de repos pour le pèlerin ou le cheminant à retenir avec des hôtes de qualité.

56 : Auch, Barran, 21 km (1 005 km)

Bientôt, ce sera mon premier millier de kilomètres de cette année. Je ne suis qu'à la moitié du cheminement prévu. D'ailleurs, vais-je y arriver ? Il existe toujours le doute. C'est bien, cela rend prudent.

Ma relecture est terminée. J'expédierai tout à l'heure les épreuves annotées à mon éditeur. Dans ces conditions un peu spéciales, les corrections furent longues et fastidieuses, mais nécessaires pour répondre aux attentes de nos lectrices et lecteurs.

« Les hommes se construisent trop de murs, et pas assez de ponts. » (Isaac Newton)

Après le petit-déjeuner copieux et convivial, je repars vers la grande cité. Colette tente de prendre le bus... qui ne vint pas. L'arrivée est étonnante, comme un bloc de pierres blanches posé sur un îlot de verdure.

Après la Poste et l'achat de provisions de bouche, direction de la cathédrale Sainte-Marie. De style gothique et Renaissance, commencée en 1489, elle fut achevée en 1680. Près de deux siècles. Dédiée à la nativité de la Vierge, de belles stalles de bois anciennes. Les vitraux reprennent deux vertus mises en exergue : la *justice* et la *charité*. Des vertus qui me parlent.

Je quitte Auch sous le soleil, en passant devant l'atelier d'un artiste travaillant le fer. Les œuvres de Roger sont imaginatives. Il me fait visiter son coin secret où s'entassent ses réalisations exposées lors des fêtes médiévales. Un homme simple, passionné.

Je repars par des petites routes traversant champs et forêts. Je profite d'une table en bois pour me restaurer sous les yeux étonnés d'un groupe de personnes handicapées arrivées en minibus.

Après plusieurs heures de marche, j'arrive à Barran, le terme de la journée. Je suis assoiffé, mais les commerces sont fermés.

À la sortie du village se trouve l'accueil de Madeleine et Jean-Louis, venus s'installer il y a quelques années, depuis la région parisienne.

La propriété ancienne est pourvue d'un petit parc. Je n'en profite pas, je suis fourbu. Mes accueillants sont sympathiques et ouverts. Madeleine m'offre des fruits du jardin. Le soir, alors que le repas n'est pas prévu, nous partageons ce qu'il y a, à la bonne franquette.

Une nouvelle étape riche par son contenu, mais épuisante malgré son kilométrage moyen dans sa réalisation.

57 : L'Isle-de-Noé, Montesquiou, Monlezun, 33 km (1 038 km)

Bien reposé, je déjeune avec Jean-Louis qui s'est levé pour mon départ. Bel accueil. Je prends la route. Le temps est frais, je n'ai rien prévu pour ce soir. C'est assez habituel chez moi... laisser une petite incertitude sur le déroulé de la journée. Trop prévoir nous fait entrer dans un moule, dans la routine. Notre cheminement vers Compostelle ou Fátima doit rester un moment de pleine liberté. Chaque jour amène son lot de surprises (positives ou moins) à vivre intensément. C'est cela être disponible, « *être open* ».

Mon premier village est L'Isle-de-Noé. Nom étrange faisant référence au patriarche de la Bible et du Coran. Pourtant, cette famille seigneuriale remonte au 11ᵉ siècle. Louis-Pantaléon de Noé possédait des plantations à Saint-Domingue. Un de ses anciens esclaves, Toussaint Brédaun, devint célèbre sous le nom de *Toussaint-Louverture*, le futur libérateur de l'île. Quelle destinée ! Voici ce qu'il disait en 1802, lors de son arrestation sur ordre de Bonaparte :

« En me renversant, on n'a abattu à Saint-Domingue que le tronc de l'arbre de la liberté des noirs. Il repoussera par les racines, parce qu'elles sont profondes et nombreuses ».

Au 19ᵉ siècle, un de ses descendants prénommé Cham (comme l'un des fils de Noé) devint un grand caricaturiste reconnu.

J'arrive à Montesquiou, jadis un castelnau (château médiéval) associé à la famille maternelle de D'Artagnan. Ils furent les derniers à posséder cette seigneurie.

Je tombe sous le charme de ce village ayant gardé tout son caractère. On y rencontre Messire Jacques, une nouvelle statue voulue par le curé et la population à la suite du vol de la précédente.

Quelques kilomètres plus loin, Saint-Christaud, et sa magnifique et massive église. J'y rencontre un couple allemand, Hardy et Djamila. L'homme très sportif souffre d'un pied. Le Chemin laisse toujours des traces, même pour celui s'étant préparé.

Colette, perdue de vue à Auch, réapparaît. Ayant récupéré un chien fugueur, elle attend son propriétaire. Continuant tous les quatre, nous arrivons à la chambre d'hôtes de Riouet tenue par Nicole et Michel. Si le prix de la demi-pension reste celui d'un gîte classique, l'endroit est d'une qualité exemplaire. Il est vrai que pour les jacquets, nos hôtes ont réduit de moitié le prix habituel. Cette étape réputée est retenue très en avance pour le *Festival jazz* accueillant des artistes tels Kenny Garrett, Chick Corea, Shai Maestro... J'aime le jazz et la musique soul, écoutant *Jazz Radio and Soul*.

Nicole, véritable mère poule, aime recevoir, cela se ressent. Ce n'est pas un hasard si deux de ses fils viennent y manger tous les midis. Lieu sympathique, presque luxueux, cuisine de qualité, lit moelleux, quoi de mieux pour préparer le marcheur à sa nouvelle étape.

58 : Marciac, Maubourguet, Lahitte-Toupière, 23 km (1 061 km)

La petite pluie fine de la nuit continue sa lancée. Nicole nous sert un solide petit-déjeuner. Merci, Nicole. Marciac se trouvant à 6 km, Michel nous déconseille de suivre le tracé sûrement gorgé d'eau. Il propose de nous déposer en ville. C'est jour de marché, il s'y rend pour ses achats. Nous acceptons.

Nous débutons notre équipée du jour à Marciac. Colette se rend à la pharmacie, Hardy chez le médecin, je pars seul après avoir fait mon marché : pain, jambon de pays, fruits.

Le début est raide, mais peu à peu, je récupère mon pas de sénateur. Le temps alterne pluie fine et apparition tempérée du soleil. Il fait enfin frais. Je marche au milieu des cultures, dont le maïs. De nombreux passages-ponts permettent de passer sur les cours d'eau, certains fabriqués par des poteaux électriques en béton liés entre eux. Autre spécificité, les nombreux arroseurs fournissant de l'eau en abondance aux cultures. Je suis parfois aspergé, ce qui m'oblige à calculer le temps de passage en courant. Cela me fait marrer.

Au bout de 11 km, j'arrive à Auriébat, un petit village situé sur une hauteur. Il se mérite, la montée est raide. J'y rencontre un renard qui doit se demander quel est ce bipède venu le déranger. Il n'y a personne, on dirait un village fantôme. J'y admire une belle église au clocher en forme de fusée s'élevant à 53 mètres de hauteur.

À Maubourguet, le bruit des travaux rappelle que nous quittons la campagne. Petite ville sur l'Adour où se trouve une belle église, mais surtout une statue glorifiant l'Amour avec un grand A.

Prochaine étape prévue, Lahitte-Toupière, puis Vidouze, lieu présumé de ma soirée. Malgré mes nombreux appels, aucune réponse. À mi-chemin, j'apprends que le gîte ne reçoit plus de marcheur. Je rebrousse chemin pour me rendre au *Happy Coulson*, un gîte aperçu en passant, tenu par des résidents anglais.

Bel accueil. Il reçoit des élèves vivant pour le temps de leur séjour, la vie d'une famille anglaise en ne parlant qu'anglais. Un moyen intelligent pour utiliser les expressions quotidiennes, loin des méthodes classiques. Venus de Toulouse, l'un est en terminale, l'autre en quatrième. Un étudiant en troisième année de médecine anglais est venu passer quinze jours en France pour découvrir notre pays. Une soirée étonnante où, en anglais, je raconte le Chemin de Compostelle.

59 : Vidouze, Anoye, Morlaas (Pau), 32 km (1 093 km)

Levé à l'aube, le petit-déjeuner est en libre-service. En prenant la route, le temps est humide et frais. J'atteins rapidement Lahitte-Toupière. La première partie du nom du village signifie en gascon « borne, limite ». Nous sommes à la frontière du Béarn et de la Bigorre. Je poursuis parmi des cultures, forêts, passages de gué, lacs...

Le soleil revient, la chaleur aussi. Les *jardins de pèlerins* plantés par *Les Amis du Chemin de Saint-Jacques des Pyrénées-Atlantiques* apparaissent.

Depuis 2010, cette association a planté plus de 500 arbres fruitiers le long du parcours. « Cette action répond à l'objectif d'offrir aux pèlerins la possibilité de manger des fruits sur leur passage et de faire connaître les variétés anciennes retrouvées et mises en valeur ». (Jean-Claude Noguès et Marcel Gégu, chevilles ouvrières de l'association.) En 2015, une cinquantaine de communes du département ont apporté leurs aides.

En passant à Anoye, *« l'association jacquaire a bien fait les choses »*, me dit une aimable habitante logeant en face d'un gîte : local rénové, hospitaliers très présents. Elle en fait la pub, mais je continue. Plus loin, je trouve une aire de repos pour collationner.

Direction Morlaas, la fin de l'étape du jour. Le Tour de France y passe le 14 juillet (2015). Succédant à Lescar, la cité fut la capitale du Béarn pendant près de deux siècles avant d'être supplantée par Orthez. Seule de nos jours, l'église Sainte-Foy témoigne de cette grande époque. Son portail roman est d'une qualité édifiante. Je profite du coiffeur pour faire tailler ma barbe. Elle me donnait l'air d'un compagnon de la route. Enfin...

Je dors au camping. Si l'accueil est sympathique, ce n'est pas le cas des jeunes demeurant près du local. Ils font du bruit jusqu'à 2 h du matin. Un manque de respect évident des marcheurs.

60 : Lescar, Artiguelouve, Lacommande, 35 km (1 128 km)

Fatigué par ce manque de sommeil, je quitte la cité. Il fait toujours aussi chaud, à tel point que les gens du pays se plaignent du manque d'eau... Me voilà parti pour une longue étape.

J'ai pris du retard. Avant la forêt de Bastard, un chien me suit. Je ne l'ai pas entendu arriver derrière moi. Est-ce pour me mordiller le mollet, ou veut-il me suivre ? Par prudence, je le repousse. Il continue son manège durant un bon kilomètre, puis il disparaît à ma vue.

Au détour d'un champ de maïs, un baliseur[12] de Lescar m'engage à passer boire un café chez des gens accueillants les marcheurs. Je fais la connaissance d'Albert, un homme en bonne forme de 85 ans revenant de sa marche quotidienne. Tout en sueur, il m'offre café et gâteaux. Cet ancien agriculteur est mon premier ange du jour.

Cette forêt est un vrai bijou avec ses pistes bien tracées et entretenues, sillonnées par de nombreux joggeurs et cavaliers. Tout près, un centre d'entraînement équestre. Une pancarte indique : *Santiago, 930 km,* distance calculée par le Camino Frances.

J'arrive dans la périphérie de Pau en prenant le petit pont bordé de chaque côté d'arbustes, à l'image de ceux réservés aux animaux de la forêt. Dessous, j'entends les voitures passer sans les voir. C'est réussi.

Direction Lescar, un village ayant eu son heure de gloire comme première capitale du Béarn, et siège d'un évêché au 6e siècle. Un vrai bail.

En arrivant dans l'ancienne ville, je découvre ce passé prestigieux de l'art médiéval. L'ancienne cathédrale Notre-Dame-de-l'Assomption abrite les tombeaux de plusieurs rois de Navarre, dont les grands-parents d'Henri IV. Dans le chœur, des peintures réalisées par un Dominicain. Sans oublier le portail et ses six coquilles... de Saint-Jacques bien sûr ! Comme dans de nombreux endroits, la statue de l'apôtre est présente.

Je retrouve Colette en compagnie de Thierry, un pèlerin belge, de Kio, sa fille, de Bruno. En fait, avec ses ampoules, Colette a pris le bus de Morlaas à Lescar pour visiter Pau.

Souhaitant conserver ma solitude vécue ces derniers jours, je continue pour les 12 km restant vers Lacommande, sous un ciel de plomb. J'ai hâte d'arriver à Oloron-Sainte-Marie.

Le début du trajet est peu agréable. Petit à petit, il s'arrange par des petits sentiers frais, de la véloroute jusqu'à Artiguelouve. Je m'arrête pour acheter des provisions de bouche. Le commerçant me conseille de suivre la route, plus courte, me dit-il. Ce que je fais. En fait, les 5 km annoncés se transforment en 9 km. Sous le soleil, cela compte.

Ce n'est pas la première fois que cela m'arrive. En haut de la côte, les gendarmes m'annoncent en souriant « *qu'il reste encore 3,5 km en descente* ». Quel humour !

12 Bénévole effectuant le marquage des chemins de randonnée.

M'étant engagé à arriver au gîte avant 18 h, je suis en retard. Pour conjurer le sort, je lève le pouce pour le principe, ce que je fais rarement. À ma grande surprise, une Fiat 500 moderne s'arrête. Ingrid, une habitante de Lacommande propose de me déposer en face de la Commanderie. Mon deuxième ange de la journée.

En fait, j'ai mal compris. Si j'arrivais après 18 h, je devais attendre mon hospitalière. En m'installant au gîte, je constate que la pochette arrière de mon sac à dos est ouverte. Mon appareil photo n'est plus là. Je l'ai perdu, ainsi que tous les clichés pris depuis le départ. Une catastrophe. Consciente de cette perte, mon hospitalière se montre d'une grande générosité. Après la fermeture de la Commanderie, elle me transporte en voiture, refaisant le chemin parcouru depuis mon arrêt chez le commerçant d'Artiguelouve jusqu'à ma prise en charge par Ingrid.

Me souvenant d'une halte dans la côte pour me désaltérer, je descends de voiture, et miracle ? Je découvre mon appareil rouge m'attendant sagement dans l'herbe.

Une chance sur X... (ah ! je ne sais pas), de le retrouver ! J'ai décidément une bonne étoile. Si j'avais suivi le chemin de terre, j'aurais certainement perdu toutes mes photos, dont celles affichées dans cet ouvrage et sur mon blog. Le hasard ? Isabelle est mon troisième ange de la journée.

Ces malheurs se terminant bien, je prends un repos mérité après cette rude journée. Je découvre aussi cette halte voulue par le vicomte du Béarn, confiée aux moines hospitaliers. Dans son cimetière, de nombreuses stèles discoïdales, signes de leur présence.

Merci, Isabelle, de continuer cette belle tradition.

61 : Goès, Oloron-Sainte-Marie, 20 km (1 148 km)

Après la journée éprouvante d'hier, je traîne un peu. Lorsque mon hospitalière se présente, je pianote des textes de réflexion sur « *morale et éthique* » à présenter à la rentrée. Je sais, je sais, « *Tu es parfois un peu trop intello* », me disent des amis.

Ma réflexion du jour est liée à Guy de Maupassant : « *Nos yeux, nos oreilles, notre odorat, notre goût différents créent autant de vérités qu'il y a d'hommes sur la Terre.* »

Le trajet est vallonné dans la forêt, de grandes côtes pierreuses et des sentiers défoncés ou ravinés par l'eau. Il y a quelques passages agréables et des petites routes pratiquement sans circulation. Ah ! J'oublie les inévitables taons et moustiques... Me plaignant de cette présence, des marcheurs locaux me disent qu'en temps orageux, ce n'est pas un temps à aller en forêt. Dans un petit village, je profite d'un lieu mis à notre disposition par les habitants pour faire une pause. Le temps de manger un fruit, de boire quelques gorgées d'eau...

À l'entrée d'Oloron-Sainte-Marie (en Béarnais, *Auloron-Senta-Maria*), j'entends mon prénom venant d'une voiture rouge arrêtée à un feu tricolore. À ma grande surprise, il s'agit d'Hélène rencontrée au Puy-en-Velay lorsque j'étais hospitalier. Elle représentait la Fédération des Amis de saint Jacques. Hasard ? Nous nous donnons rendez-vous dans l'après-midi.

Attablé à déguster une salade landaise, Colette arrive. Le médecin de Pau l'a mise au repos. Elle est arrivée par le train. Vers 15 h, nous rejoignons *Le Bastet*, le gîte des pèlerins, tenu par des bénévoles. Ils remplissent les missions identiques à celles accomplies au Puy. Peu à peu arrivent des figures connues : Thierry, Kio, Bruno...

Après avoir bu le verre de l'amitié avec Hélène, elle m'amène chez Leclerc Sport. J'ai besoin d'un guide sur le *Camino Português*, pour commencer à réfléchir sur mes premières étapes.

Je pensais rentrer à pied au gîte lorsque Mathieu me téléphone. C'est un bon compagnon rencontré sur le Camino Norte en 2013 (photo de cette période, en bleu). Nous avons partagé de riches moments durant plusieurs jours, dont j'ai gardé un bon souvenir. Lui aussi, m'a-t-il dit. Nous restons en relation via Facebook. Cela fait plusieurs jours que nous parlons de mon passage.

Il est samedi, ne travaillant pas, il me rejoint. Il me fait découvrir la cité, formée de trois villages se disputant jadis le pouvoir. Un édit de Napoléon III de 1858 imposa la réunion de deux cités pour n'en former qu'une.

Depuis le Moyen Âge, la cité vit passer de nombreux marcheurs suivre la vallée d'Aspe vers le col du Somport. Le gave (torrent) d'Aspe sera notre fil rouge dans les jours à venir.

Nous passons une soirée agréable en partageant chez lui nos agapes. Il propose de laver mon linge, celui lavé à la main chaque soir. Je n'en parle pas, mais cet acte fait partie de nos rites quotidiens un peu machinaux après la douche.

J'accepte sa proposition amicale. Il est certain qu'en machine, le résultat est plus concluant.

Cette soirée est celle du partage de nos souvenirs passés, et de l'avenir de chacun. Nous l'écourtons, les hospitaliers fermant la porte à 22 h pour permettre aux marcheurs de se reposer. Cela se conçoit très bien, il faut respecter nos compagnons de route. Belle journée pour l'amitié, mauvaise pour les taons et les moustiques !

Je n'ai pas pris de cliché de mes amis Hélène et Matthieu. Un signe. Je garde ce souvenir seulement dans mon cœur.

62 : Escot, abbaye de Sarrance, 22 km (1 170 km)

Petite étape, puisque ce soir, nous dormons à l'abbaye de Sarrance. Le tracé de la via Tolosana suit en partie le gave d'Aspe. Quelques kilomètres plus loin, arrivée à Escot.

Jadis, le vicomte du Béarn devait se soumettre à un rituel symboliquement puissant. Il devait faire tremper les pattes antérieures de son cheval dans le ruisseau *Tou (Arricoutou)*. Il récitait alors à voix haute ce texte : « *Le val d'Aspe fut avant le seigneur, et il n'a sur la vallée que les droits donnés à lui par ses habitants* ».

En visite dans la région, Louis XI dut s'y soumettre.

Ce caractère fort et trempé se retrouve encore dans la lutte actuelle des habitants pour défendre leur vallée de la modernité trop prenante.

Tels cinq mousquetaires, nous découvrons cette vallée d'une grande beauté. Il y a l'équipée sauvage de Bruno souvent devant, la volonté de Thierry le septuagénaire de s'accrocher à ses basques. Il y a la sérénité tout asiatique de Kio, marchant régulièrement sans rien lâcher. Et puis, le courage de Colette souffrant de ses ampoules qu'elle tente de cacher. Quant à moi, soufflant dans les côtes raides, je suis loin de mes performances du siècle dernier.

En arrivant à Sarrance, c'est la fête au village avec un vide-grenier. Certains vont écouter des chanteurs béarnais. Ce n'est pas mon cas, préférant le repos.

Sarrance est une abbaye construite par les Prémontrés au 14e siècle. Ils la conserveront jusqu'à la Révolution après en avoir été dépossédés durant les guerres de religion particulièrement actives dans la région. Détruite, elle fut reconstruite au début du 17e siècle. Aujourd'hui, un seul moine prémontré y demeure, assisté de laïcs.

Des groupes y effectuent des retraites. Nous sommes loin du silence de Ganagobie (où j'ai terminé un ouvrage), de Notre-Dame des Neiges ou d'En Calcat. De bonne facture, l'église n'a ni la beauté ni l'esprit de recueillement d'une abbatiale. Il n'y a pas de décors somptueux, une grande sécheresse de la pierre. Simplicité et humilité.

Si les lieux sont vétustes et bruyants, merci à nos hospitaliers bénévoles mettant tout leur cœur pour rendre notre séjour agréable, dont la nourriture terrestre. Quant aux matelas, c'est triste…

Je discute longuement avec Pierre, l'intendant. Devenu croyant depuis peu, il est heureux de m'annoncer sa confirmation courant août.

Ce troisième sacrement de l'Église catholique est reçu habituellement à l'âge de raison. Ce garçon à la vie difficile semble avoir trouvé une sérénité de bon aloi. Que bien lui fasse !

Lors du repas, un invité habituel du moine chante en béarnais. C'est très beau. Ce chanteur-paysan à la voix puissante est particulièrement doué. Un beau concert privé.

Comme dans tout gîte d'hospitalité, nous mettons tous la main à la pâte pour laver et essuyer la vaisselle. Une belle ambiance.

63 : Bedous, Borce, Fort de Portalet, Urdos, 30 km (1 200 km)

Ce matin, pensée d'Henry David Thoreau : *« Cultivez l'habitude de vous lever tôt. Il n'est pas sage de garder longtemps la tête au même niveau que les pieds. »*

Petit-déjeuner à 7 h, puis départ de cette abbaye discrète. La journée s'annonce belle, le soleil pointe son nez. Il va falloir compter avec lui. Nous suivons des petits sentiers en forêt, suivis de passages réguliers sur la route remontant la vallée d'Aspe. En nous éloignant, belle vision de l'abbaye dans son écrin de verdure.

La chaîne des Pyrénées apparaît dans le halo matinal de nuages. Une photo, quelle que soit sa qualité, ne rend pas compte de cette beauté enregistrée par nos yeux. Il faut la vivre intensément.

Notre premier arrêt est Bedous, après la traversée du Gave. Nous y faisons nos courses. J'en profite pour renvoyer mes sandales à la maison. Quelques centaines de grammes en moins. Ma cheville réopérée ne me faisant pas souffrir, je ne les ai portées que trois jours.

Thierry est parti sur le tracé. Bruno propose un raccourci par la route. *« On gagne deux kilomètres au moins »*, dit-il. N'ayant pas une bonne lecture des distances, il a « économisé » tout au plus 500 mètres. Une broutille. Colette et Kio lui emboîtent le pas. Je préfère le sentier pour informer Thierry de cette décision, s'il s'inquiète pour sa fille. Il y a une morale à ce choix.

Au milieu de la forêt, nous admirons une sculpture de bois réalisée par un artiste local, *le pèlerin penseur*, que ne verront pas nos trois compères.

Nous continuons sur un sentier surplombant le gave, avec en toile de fond le bruit de la route couvert grandement par le bruit de l'eau tourmentée du gave. Passage sur un pont de bois de belle facture.

C'est l'occasion de remercier les baliseurs pour la qualité de leur travail. Nous parlons peu de ces bénévoles locaux, aimant leur pays, et qui font tout pour nous le faire découvrir et admirer.

À Borce, dans la petite chapelle restaurée, une exposition en l'honneur du Chemin. Un bel aménagement et une belle broderie du visage de pèlerin ressemblant à notre ami Jacques.

Direction Urdos. Nous passons au pied du fort du Portalet, un endroit dangereux pour les piétons du fait du rétrécissement de la route. La circulation est faible, heureusement.

Sa construction est due aux difficiles relations franco-espagnoles durant le Second Empire napoléonien. Construit dans la falaise dans les années 1840/1850, il est désarmé en 1914. Sous le régime de Vichy, il servit de prison aux responsables de la défaite de 1940, à savoir Daladier, Mandel, Blum, Gamelin... Ironie de l'histoire, le maréchal Pétain y passa plusieurs mois avant son départ pour l'île d'Yeu.

Nous dormons à Urdos, dans un gîte moderne au-dessus de l'épicerie. Une nuit calme et reposante.

64a (France) : Col du Somport, 12 km (1 212 km)

Dans 12 km, nous serons en Espagne, passant au col du Somport, à 1 640 mètres d'altitude. Soit 800 mètres positifs de dénivelé. La montée est relativement douce, avec parfois des petits raidillons.

À midi, nous franchissons la frontière. Votre serviteur en tête avec Bruno, suivi de Colette et quelques minutes plus tard, de Kio et de son père, Thierry. Ce moment ne put être immortalisé, personne en vue. Les Espagnols se désintéressent de nous. La musique d'une voiture sur le parking joue à tue-tête une ancienne chanson.

Au « *Summus portus* », nom latin du col, l'hospice de Sainte-Christine fut longtemps considéré comme l'un des trois hôpitaux majeurs de la chrétienté. Les deux autres étant de Jérusalem et du Montjoux, au col du Grand-Saint-Bernard[13], sur la Francigena parcourue en 2020. De nos jours, il n'en reste que quelques pierres de fondation.

Notre regard est attiré par la sculpture géante du « *Pèlerin de fer stylisé* » dont je ne connais pas l'histoire. Proverbe africain : « *Lorsque tu ne sais pas où tu vas, regarde d'où tu viens.* »

[13] Alain Lequien, **Sur les pas de Sigéric**, BoD.

Sur le Camino Aragonés (Espagne)

64b (Espagne) : Canfranc-Estación, 9 km (1 221 km)

Après le premier sandwich espagnol de l'année au bar du col, nous marchons vers Canfranc-Estación en longeant le Rio Aragón ayant donné son nom à la région. L'immense gare entr'aperçue est le vestige de la relation transpyrénéenne entre la France et l'Espagne. À la suite d'un grave accident en 1970, la ligne est abandonnée, la gare laissée à l'abandon.

Après plusieurs recherches, nous dormons à l'albergue Pepito Grillo. L'accueil, sans être chaleureux, est correct.

65 : Canfranc, Castiello de Jaca, Jaca, 24 km (1 245 km)

Que dire de notre parcours du jour sous le cagnard ? Il est difficile, avec son côté pierreux. Il faut se montrer prudent, il est facile de se tordre la cheville et de revenir prématurément à la maison. Donc, journée passée plus à regarder ses pieds qu'autour de nous.

En cours de route, les dessinateurs y vont de leurs talents. J'ai déjà vécu cela lors de mes précédents voyages en Espagne et au Portugal.

La belle surprise du jour est de découvrir un pont ancien. Sur le garde-fou du *Pont Nou* (pont neuf), on lit difficilement : « *RAMON ME FECIC* » (*Ramon me fit*) datant de 1599. Ainsi est perpétuée la mémoire de Ramon de Argelas, maître-tailleur de pierre d'Iseste (vallée d'Ossau) chargé de sa reconstruction lors d'une crue de l'Aragón, en onze semaines. Il reçut 800 livres.

Les villages se succèdent : Villanúa, Castiello de Jaca, Jaca. Je marche souvent seul, mes compagnons se trouvant en avant. Bruno et Thierry sont toujours en compétition. Discrète, Colette souffre toujours. Nicolas, venu rejoindre Bruno et le groupe, est peu habitué à la longue marche. Kio, la fille de 17 ans de Thierry, marche lentement, cheminant avec régularité.

Peu de nouvelles rencontres. Quelques chevaux, des marcheurs espagnols parcourant la voie reliant le Col du Somport et Puente-la-Reina. Nous sommes loin de la fréquentation des voies françaises.

Finalement, deux groupes arrivent à Jaca. Thierry et Nicolas se rendent au gîte communal, les autres au refuge évangélique. Nos deux premiers amis délaissèrent peu après leur gîte pour nous rejoindre.

Bruno en profite pour acheter un nouveau sac. N'ayant pas de repas prévu, nous recherchons un restaurant proposant un menu du jour peu onéreux. C'est compliqué de satisfaire tout le monde. J'ai pensé un moment partir de mon côté tant cela me prend la tête (expression de mes enfants). Tout s'arrange, nous dînons pour 10 € chacun.

Le groupe commence à me peser. J'éprouve le besoin de solitude. Mon côté ours... Heureusement, nous nous retrouvons que le soir. Même-là, je n'arrive pas à me concentrer et à travailler comme je le voudrais. C'est alors que me vient à l'esprit ce conseil de l'abbé Pierre : « *Il ne faut pas attendre d'être parfait pour commencer quelque chose de bien.* » À méditer pour la suite du Chemin.

Ce groupe n'a pas la richesse des échanges à laquelle j'aspire. Les conversations tournent uniquement sur le quotidien. Il va falloir m'éloigner.

66 : Santa Cilia, Puente la Reina de Jaca, Arres, 25 km (1 270 km)

Avant de quitter le centre évangélique, nous visitons la chapelle où se déroulent les cérémonies du groupe religieux. Nos accueillants n'ont fait aucune tentative d'embrigadement. C'est bien, cela pouvait être un risque pour celui ne sachant pas garder de la distance.

Nous partons pour Arres, un petit village situé sur une colline. Le choix est limité, les gîtes sont rares sur le Camino Aragonés. C'est une étape de transition entre la montagne pyrénéenne et les plaines fertiles. Nous changeons de calibre dans notre parcours.

Aujourd'hui, une maxime de Jean-Jacques Rousseau : « *Le plus lent à promettre est toujours le plus fidèle à tenir.* » Il est vrai qu'il faut se garder de celui affirmant trop vite tenir ses engagements.

Le soleil nous promet une journée chaude pouvant ralentir notre marche. Le groupe se disperse, chacun marchant à son rythme. C'est bien. De nouveau, je reste en arrière. Le chemin est toujours pierreux. C'est une constante depuis quelques jours. Sur les coteaux, de drôles de personnages agrémentant le paysage. Pour chasser les oiseaux ? Bizarre, il n'y a pas de culture.

Je double Colette et Kio. À Santa Cilia, je les attends à la fontaine d'eau pour nous rafraîchir. À plusieurs reprises, des voitures s'y arrêtent pour prendre le précieux liquide dans des bouteilles.

Serait-ce une fontaine aux vertus miraculeuses malgré son modernisme ? Maître Jacques est très présent sous forme d'une belle statue de bronze. Nouveau départ de concert sur des sentiers pierreux.

À Puente la Reina de Jaca (rien à voir avec le village final de ce Camino), il fait si chaud que nous traversons le pont situé hors du tracé pour boire un coca bien frais. Je sais, je sais... ma ligne. Ce point de ralliement de camions, voitures, arrêt d'autobus... me fait penser à ces villages américains en bordure du désert. Même ambiance, en plus modeste. J'aurais dû prendre une photo. J'y ai pensé trop tard.

Enfin, la pancarte : « *Arres, 4 km* ». La distance sur ce sentier nous a paru bien longue. Le soleil, la montée à flanc de coteau, tout est présent pour nous rendre pénible cette fin de parcours. Nous doublons Nicolas en grande difficulté. Il s'accroche. À mi-chemin, j'ai un coup de bambou qui dure une dizaine de minutes. Le temps de reprendre mes esprits, de nouveau, je reprends la tête du petit groupe.

À l'arrivée, un beau village de montagne se livre à nos yeux. Nous sommes accueillis par deux hospitaliers nous proposant d'étancher notre soif. Ils ont l'habitude... Bruno et un Espagnol rencontré au gîte précédent sont déjà présents. Thierry, pourtant parti en avance, arrive une heure plus tard... Il s'est égaré en route.

Le soir, nos hospitaliers prennent soin de nous : repas, visites de la petite église, de l'ancienne chapelle du château, de la tour, coucher de soleil sur la montagne...

Une belle fin d'étape réalisée dans une bonne ambiance collective.

67 : Artieda, Ruesta, Undués de Lerda, 40 km (1 310 km)

La fin du Camino Aragonés s'annonce bientôt. Vais-je continuer sur le *Camino Frances* jusqu'à León, avant de rejoindre Oviedo ? Je crains de retrouver sur le Camino Frances la foule rencontrée en 2012. Je n'en ai pas envie. L'autre solution est d'accéder au *Camino Norte* en rejoignant Irún ou San Sebastián.

La journée commence mal. À 5 h du matin, Thierry fait son sac en faisant du bruit. Au petit-déjeuner, il me reproche d'avoir ronflé toute la nuit. Pourtant, nous dormons dans le même dortoir depuis un bon moment. Est-il mal luné ?

L'ambiance électrique est loin de celle vécue depuis quelques jours. Les jours se suivent sans se ressembler. C'est la vie ! Je décide de m'éloigner, toujours gêné des situations conflictuelles.

Les paysages lunaires traversés ressemblent à la Meseta ou aux films de Sergio Leone, le roi des westerns-spaghettis. Parfois, des passages dans des petits chemins mal entretenus, où l'on se griffe avec des épines. Du soleil, du soleil, aucune ombre bien qu'hier soir, le tonnerre ait grondé. Nous avons cru que la pluie apparaîtrait. Que nenni !

Je double Nicolas, puis un couple de jeunes Italiens parti trente minutes plus tôt. À chacun son rythme. Je suis doublé par le couple d'Irlandais à la marche saccadée. Bref, le quotidien du marcheur...

Quant à Colette, Kio, Thierry, Bruno..., je ne vois personne de la journée. Ils m'en veulent peut-être ? Je devais être bien fatigué hier ! Je ressens mal ce rejet. C'est ma nature. Cette perception accélère ma décision de quitter le groupe. C'est décidé, à la fin de l'étape prévue à Ruesta, je continuerai mon cheminement.

À l'approche du barrage hydro-électrique, de nombreux camions circulent. Ce chantier important détourne le tracé. Après l'ancien ermitage protégé par un toit de tôle, j'arrive au village abandonné depuis 1959, occupé par un syndicat ouvrier qui le gère. Ses habitants ont vu leurs terres recouvertes sous 40 mètres d'eau. Je me paye un coca, alors que les boissons sont gratuites pour ceux dormant sur place. Une autre façon de voir l'économie. Ceux qui y sont restés m'ont dit avoir vécu une belle expérience.

Je continue vers Undués de Lerda, situé à 12 km par une longue montée de 9 km et un dénivelé de 350 mètres. Après le plateau, la vue du petit village situé sur les hauteurs est superbe. Pour y accéder, il faut cheminer par un sentier de pierres, un vrai Chemin de croix...

Alors que je me repose, arrive Colette. Décidément, moi qui souhaitais rester seul pour réfléchir et travailler... Nous prenons notre repas en commun en compagnie de Clara, une Italienne dont les pieds sont en très mauvais état.

68 : Sangüesa, Izco, Monreal, 40 km (1 350 km)

Le petit-déjeuner nous est remis sous forme de pack par l'hospitalier, le bar est fermé à cette heure matinale. Je débute mon parcours avec Clara. Rapidement, elle préfère attendre Colette qui a décidé de prendre son temps. Je me retrouve seul. Super !

Le temps maussade rend les pierres glissantes m'obligeant à la prudence. Le paysage est de grande beauté, je quitte le tracé pour rechercher un endroit où me poser. J'ai besoin d'écrire, les idées se bousculant dans ma tête. Une heure plus tard, je reprends mon parcours. Désormais, je marche sur de grandes pistes légèrement teintées de gris. C'est agréable. Je croise un marcheur sur le retour. Le temps d'échanger quelques mots, nous nous séparons rapidement. Ma réflexion du jour : « *Prenez du temps pour vous, rien que pour vous* ».

L'arrivée en Navarre est indiquée sur la stèle gravée des deux côtés. Une belle réalisation. À l'entrée de Sangüesa, je retrouve Clara passée entretemps. En grandes difficultés, elle pense s'arrêter ici.

J'en profite faire des courses, la cité est bien achalandée. Je bois un café américain, accompagné de tortillas. Elle abrite l'église Santa Maria la Real de style roman aux belles sculptures sur son tympan. Mon étonnement, la présence de la légende nordique de Siegfried tuant le dragon Fáfnir. Peut-être est-ce l'influence de l'Empire romain germanique lorsque l'empereur était espagnol ? Étant close, je n'ai pas pu voir la statue de Notre-Dame de Rocamadour qu'elle abrite.

Il se met à pleuvoir dru, puis la pluie se calme. Je grimpe vers Rocaforte, à quelques kilomètres. J'y trouve les restes d'un ermitage. La légende veut que François d'Assise, en route vers Compostelle, demandât à l'un de ses compagnons d'y fonder un refuge de pèlerin. Une source miraculeuse ayant jailli, le moine y fonda le premier couvent franciscain d'Espagne.

Un peu plus loin, je me rafraîchis dans un grand bac d'eau non potable de dix mètres de long. Le soleil réapparu cogne fort, le bougre.

C'est une succession de montées et de descentes au milieu de très beaux paysages. Je manque d'eau. Heureusement, à l'entrée d'Izco, une fontaine d'eau potable, et Nicolas... arrivé en bus. Il attend l'ouverture du refuge. Il n'ouvrira pas, l'hospitalier sert au bar à la fête locale. Aimablement, son épouse le transporta 10 km plus loin, au gîte de Monreal où je le retrouve.

Après la traversée du *Puente médiéval*, plus de deux heures plus tard, j'arrive au refuge. En plus de Nicolas, Thierry et Kio sont déjà là. Ils sont arrivés en bus. Nous sommes contents de nous revoir. L'incident d'avant-hier n'est qu'un mauvais souvenir. Le soir, nous partageons le repas préparé par nos hospitaliers. Il est copieux à souhait, bien arrosé du vin local.

69a : Eunate, Obanos, Puente la Reina, 31 km (1 381 km)

Parti parmi les premiers pour cette dernière étape sur le Camino Aragonés, je suis rattrapé par Thierry décidé à marcher à l'avant. Sa fille, Kio, reste un peu en arrière. L'allure est rapide même si le parcours est une suite de montées et de descentes. Il est temps de descendre de la montagne pour les plaines du Camino Frances.

C'est décidé, demain, je rejoindrai le *Camino Norte (le Camino de la Costa)*. Selon la destination des bus, j'accéderai à Irún ou à San Sebastián. La via Tolosana depuis Arles se termine là. Ce sera aussi la séparation avec mes compagnons du jour qui rejoignent Pamplona.

Nous dépassons des Belges flamands partis avant nous (au plaisir de Thierry), puis une Française. Ayant un petit coup de mou, Thierry et Kio me lâchent. Le groupe se reconstitue à une pause.

Il fait très chaud. Non loin d'Eunate, petite pause boisson. Nous espérons profiter de notre passage pour visiter la chapelle de Santa Maria d'Eunate, une église romane datant de la fin du 12e siècle. Cette église octogonale avec ses arcades extérieures fait penser au Saint-Sépulcre de Jérusalem. Certains érudits attribuent sa construction aux Templiers, qui bénéficiaient de la protection du roi de Navarre, Sancho VI. Son caractère isolé, au milieu de nulle part, lui confère une ambiance spirituelle très marquée.

C'est alors que se déroule un incident regrettable. À notre arrivée, le responsable de l'accueil ferme les portes.

Étant pèlerin, et non touriste pouvant revenir plus tard, j'essaie maladroitement de négocier quelques minutes pour admirer cette œuvre. Rien n'y fait : « *Ha llegado la hora.* », me répond le préposé. Je ne comprendrais jamais cette démarche issue d'un autre temps, un manque évident de notre statut de passant.

À plusieurs reprises, en France ou dans d'autres pays, il m'est arrivé de me pointer au moment fatidique de la fermeture. Généralement, il y a un geste de compréhension envers nous. Ici, ce n'est pas fair-play. Irrité, je l'avoue, nous nous dirigeons vers Obanos où nous dormons à l'albergue, à trois kilomètres des grands gîtes de Puente la Reina.

Fin de la via Aragonés

Ce matin, nous partons tôt, ne connaissant pas les horaires d'autobus. À l'entrée, nous croisons Maître Jacques. Bel augure sur la cheminée d'une usine désaffectée, l'arrivée d'une cigogne rejoignant ses deux compagnes. Après le Pont des Pèlerins, la station d'autobus. Les bus pour nos destinations respectives arrivent dans quelques minutes. Le mien part en premier pour San Sebastián, le second pour Pampelune. Nous avons juste le temps de nous faire l'accolade après ces journées passées ensemble. *Buen Camino* à vous deux. Bon retour en Belgique, amigos.

Sur le Camino Norte (Espagne)

69b : Vers le Camino Norte (San-Sebastián)

Rejoignant San Sebastián (*Donostia* en basque), c'est un nouveau départ qui m'attend sur cette voie appréciée il y a deux ans. D'autres rencontres, d'autres découvertes...

Une rupture indispensable dans mon besoin complexe d'alternance entre solitude, rencontres et échanges. Je trouve judicieux de faire une petite pause, pour me procurer le guide et quelques courses... Profiter du bel océan et de ses plages n'est pas désagréable.

70 : Igeldo, Aia-Orio, Zarautz, Askizu, 27 km (1 408 km)

Me voici sur le *Camino Norte*. Après la nuit passée à l'auberge de jeunesse, direction Oviedo pour rejoindre le *Chemin primitif*, le *Camino Primitivo*. Le ciel est gris, je porte le k-way. La première grande montée est vite avalée. Contrairement à mon souvenir, j'ai moins de difficultés à gravir ces 300 mètres de dénivelé positif. Je sais, mes amis savoyards et haut-alpins sourient.

« Ce n'est pas parce que les choses sont difficiles que nous n'osons pas, c'est parce que nous n'osons pas qu'elles sont difficiles. » (Sénèque)

Si parfois, je reconnais des passages, certains me paraissent nouveaux. Les kilomètres s'enchaînent rapidement, notamment parmi les fougères. Sur les arbres, en forêt, sur une roche, l'humour espagnol est présent.

Si les Caminos ont un aspect économique évident pour la société espagnole, ils sont aussi un art de vivre. Il n'est pas rare que les habitants nous lancent un *buen Camino* ou un *buenos dias*. Cependant, je n'ai pas entendu un seul *Ultreïa,* comme si ce mot est inconnu.

Igeldo, Aia-Orio... Sur le chemin, je double plusieurs groupes d'Espagnols. La plupart ont débuté à Irún ou à San Sebastián. L'un d'eux me dit s'arrêter à Zarautz, le temps étant maussade. Un couple abrité dans un abribus veut rejoindre Santander. Ainsi, chacun fait son petit bout de chemin sur un week-end ou une semaine. C'est plus de la randonnée qu'un pèlerinage. Peu d'autres nationalités. À la cafeteria de Zarautz, je partage un café avec un Tchèque, tant la pluie est forte. Puis, un couple français au gîte/hôtel d'Askizu, où je fais halte.

J'aurais pu continuer jusqu'à Zumaia, mais la pluie et le froid ont raison de mon envie de m'y rendre.

On pourrait croire qu'une chambre seule coûte cher. En fait, j'ai payé 15 € pour la nuit, 25 € pour la demi-pension, à peine plus que dans un gîte où parfois nous sommes entassés les uns sur les autres. Il suffit de s'informer.

Savoir prendre de la distance. Je recherche la solitude, hormis les contacts aux arrêts. Je suis servi, pouvant facilement écrire dans le calme mes réflexions. Cela n'a pas de prix.

71 : Zumaia, Itziar, Deba, Barrio de Ibiri, 19 km (1 427 km)

Je repars pour ma nouvelle étape de 19 km. Un peu courte, pensez-vous peut-être ? En fait, je n'ai pas le choix, l'albergue suivante m'amènerait à parcourir 38 km, avec des passages très vallonnés. C'est trop pour moi, dans l'état actuel des choses. Il faut savoir se maîtriser. *« Chi va piano, va sano e va lontano »,* dit le proverbe italien. La raison me pousse à dépasser Deba pour rejoindre la montagne. Enfin, tout est relatif bien sûr...

Zumaia est une grande ville située au bord d'une superbe baie. On y trouve le musée Zuloaga abritant des œuvres de Goya, du Greco, de Rodin... Puis, c'est l'ermitage de San Telmo datant du 16e siècle, dédié au saint patron des marins, perché au-dessus de l'océan. On s'y rend en pèlerinage la semaine d'après Pâques. Difficile d'attendre l'ouverture de ces lieux pour un cheminant, mais pas pour le touriste. C'est pourquoi il faut savoir revenir... différemment.

Je continue à monter. Le parcours, même si le temps est moyen, est agréable à parcourir. Il y a désormais moins de marcheurs. Le cheminement passe à quelques centaines de mètres de la côte, puis pénètre dans les terres. La montée d'Itziar est très raide sous le regard débonnaire d'une voiture de la Guardia Civil bien présente. C'est rassurant.

L'arrivée à Deba est plus risquée, notamment la grande descente pavée de pierres glissantes. Malgré mes précautions, je tombe sans me faire de bobo, sinon un petit mal aux fesses. Une chute de plus, les amis. Ce n'est pas la première ni la dernière.

Cette cité balnéaire de 5 000 habitants se distingue par son ascenseur moderne permettant l'accès direct aux coteaux. Je l'emprunte pour descendre au centre-ville grouillant de monde.

Une fois de plus, la pluie ternit la journée. À l'office de tourisme, j'apprends que l'accueil a déménagé de l'ancienne école vers l'ancienne gare.

N'ayant parcouru que 15 km, je veux continuer. Le gîte suivant est celui de Barrio de Ibiri, l'albergue Izarbide. La préposée de l'office me réserve la soirée. Super, je peux prendre mon temps.

En passant à l'ermitage Santo Cristo del Calvario, je rencontre Claudio, un Italo-Français créateur de jeux sur smartphone. Il en vit grâce aux 50 000 joueurs inscrits, payant quelques centimes pour chaque partie jouée. Un monde inconnu. Grâce à ses outils informatiques, il apporte continuellement des améliorations ou corrige les bugs pour ses « clients ». Quelqu'un continuant à travailler, s'arrêtant parfois pour concrétiser une idée... J'en connais un autre...

Le soir, je partage la *cena* (dîner) avec une quinzaine de marcheurs. Je dis marcheurs, car la plupart sont des randonneurs. Ils sont en vacances ou en compétition. Je l'avais entrevu sur le chemin d'Arles, il se confirme ici. Ce n'est pas un jugement de ma part, chacun parcourt et fait son propre chemin...

72 : Olatz, Markina-Xemein, monastère de Zenarruza, 28 km (1 455 km)

Le temps est frais. Nous sommes loin des chaleurs du début du cheminement. Seulement 15°, une température anormale pour un mois de juillet, vous ne trouvez pas ? Les nuages sont bien présents, donc méfiance.

Une longue traversée m'amène tout d'abord à Olatz, puis très tranquillement (si l'on peut dire) vers Markina-Xemein.

La montée après Olatz est raide, effectuée sur une courte distance. C'est ensuite un sentier traversant la forêt blessée par la déforestation. Un camion chargé d'enlever les troncs d'arbre coupés m'oblige à lui laisser le passage. Peu après, contre toute attente, il recule pour opérer un demi-tour. Et vlan ! il plante sa remorque dans le talus. Patinant pour repartir, il reste en rade en plein milieu. Pour passer, j'escalade la remorque. Intérieurement, je souris. Ce n'est pas bien, mais bon... Un drôle de zigoto, ce chauffeur. Il a l'air de s'en foutre royalement, restant collé à son volant à attendre.

Un bouc tranquille me regarde passer. Puis, des chevaux en liberté qui se baladent. Le temps s'améliore, une pointe de soleil apparaît. J'espère bénéficier d'un peu de sa chaleur.

Après ce cheminement forestier et la descente rapide sur une route bétonnée impressionnante, j'arrive à Markina-Xemein. Je revisite le curieux ermitage hexagonal San Miguel d'Arretxinaga datant du 18e siècle. L'Archange est entouré de trois énormes rochers de plus de 40 millions d'années, formant une chapelle autour duquel l'ermitage fut construit.

Selon la légende populaire, *« Tous les jeunes qui veulent se marier avant la fin de l'année doivent passer trois fois sous les rochers »*.

Je continue vers Bolibar et le monastère de Zenarruza. Contrairement à la première fois, je dormirai à l'albergue voisine. Avec d'autres marcheurs, je me rends à l'abbatiale pour assister à l'office chanté par les quelques moines présents. J'aime ces psaumes chantés par des voix d'hommes. Même en espagnol, le texte est facilement compréhensible, cohérent avec les psaumes cisterciens connus.

Cette journée fut plus riche spirituellement, me permettant de travailler en toute tranquillité.

73 : Gernika, Lezama, Bilbao, 38 km (1 493 km)

En quittant l'albergue, la plupart des occupants sont partis. Seul Claudio, qui nous a rejoints entretemps, reste en arrière. Le temps est frais et maussade. En passant devant le monastère, la porte du gîte où j'ai dormi il y a deux ans est grande ouverte.

Sur le parcours, les pierres du sentier sont glissantes. Je dois me montrer très prudent. Peu à peu, le soleil apparaît timidement au milieu des nuages.

Je suis doublé par un jeune Asiatique marchant à grands pas. Lors d'un arrêt, il m'indique habiter en région parisienne. Parti seul pour la première fois, il me raconte l'inquiétude de son père lui donnant moult conseils. *« Alors,* me dit-il *qu'il n'a jamais marché ni campé. »* Nous rions de ces parents ayant du mal de voir leurs enfants quitter le nid familial. Reprenant sa marche, je ne l'ai plus revu.

J'arrive dans une grande montée. Dans mes souvenirs, elle ne se trouvait pas là. C'est le jeu de la mémoire.

Je la grimpe plus aisément que prévu, doublant trois Italiens, et le couple français rencontré à Askizu.

Dans une grande descente, discussion en français avec deux Espagnols demeurant à Gernika. Nous échangeons sur mon pays où ils ont vécu. Peu après, passage sur un pont romain bien conservé.

Mon arrivée à Gernika s'effectue par une route bien balisée. Le cheminement pédestre est séparé des voitures par des plantations. Un bel aménagement. La traversée de la cité est rapide. Pour la seconde fois, je pose devant la reproduction émaillée du célèbre tableau de Picasso, qui évoque le massacre durant la guerre civile espagnole.

La sortie s'effectue par une grande montée sous le soleil. Je dépasse le gîte m'ayant abrité la dernière fois. J'en garde un souvenir mitigé. Vers 6 h 30, je suis contacté par une journaliste d'Europe 1 à la suite de l'accident de train à Saint-Jacques de Compostelle, le 24 juillet 2013. Suivant mon parcours sur Facebook, elle me demande mon avis sur cet accident, arguant de nombreux morts pèlerins. Autant dire que cela m'avait touché[14].

Direction Lezama, où est annoncé par affichettes, un nouveau gîte. En y arrivant, il est surbooké, des matelas posés sur le sol. L'hospitalière néerlandaise me conseille de rejoindre directement Bilbao en autobus, me fournissant les coordonnées de l'auberge de jeunesse. Il est 18 h. J'en ai plein les baskets des 38 km parcourus... et si je peux éviter l'hôtel... La raison me pousse à accepter cette idée.

Par téléphone, je réserve ma nuit. Je rejoins le centre de Bilbao en autobus. À pied, il aurait fallu trois heures...

Le jeune couple de touristes italiens avec qui je partage la chambre est très discret. Le jeune homme me laisse le lit situé en bas au lieu de celui du haut qui m'était affecté. Merci à vous.

74 : Portugalete, Muskis, Castro Urdiales, 44 km (1 537 km)

Les difficultés rencontrées hier auraient dû me rendre plus prudent dans le choix de mes arrêts, et de la gestion de mon temps. Il faut croire que même expérimenté, l'obstination est souvent préjudiciable. Mes amis, soyez plus prévoyants que moi sinon... c'est la galère. Je l'ai bien cherchée.

---

[14] http://www.bourguignon-la-passion.fr/article-drame-a-compostelle-du-24-juillet-2013-119242626.html

Je quitte l'auberge de jeunesse à 9 h. Depuis longtemps, les marcheurs sont partis. Me rendant à la cathédrale, je trouve porte close. Il ne faut pas traîner, la journée s'annonce chaude.

Sur mon guide est indiqué un parcours vers Portugalete passant sur les hauteurs de Bilbao. Il y a deux ans, j'étais passé par les quais, rejoignant la ville par le pont roulant. Le parcours préconisé est plus long, plus vallonné. Il est vrai aussi que e guide conseille de prendre le bus jusqu'à la sortie de la ville... Que fait cet entêté d'Alain ? Eh bien, il fait ce trajet à pied, comme s'il maîtrisait les événements.

Cela me coûte cher... Départ tardif, kilométrage mal maîtrisé, parcours plus difficile me font arriver à Portugalete, alors que le gîte est plein. Dois-je regretter ce parcours ? Pas vraiment. Je découvre les toits vernissés de l'hôpital, la vue sur Bilbao, une ancienne voie médiévale pavée, la chapelle Santa Agueda...

Je n'ai pas d'autre choix que de continuer vers l'albergue de Pobena, à 13 km. Son accès est facilité par la piste cyclable rouge rejoignant la plage de La Arena. Le soleil est brûlant. Manquant d'eau, je fais un détour dans un bar pour boire un coca et remplir ma poche d'eau.

Ce que je pressentais arrive de nouveau. Aucune place au gîte, une classe de quinze enfants est accueillie au détriment des marcheurs. Je trouve cela nul comme pèlerin, normal comme père de famille. Toujours ce conflit entre le bien et le mal. Qu'y faire ? Je porte l'entière responsabilité d'arriver à 17 h dans le seul gîte à des kilomètres à la ronde.

Décidemment, sans ma tente, je continue vers Castro Urdiales, à 14 km, avec peut-être la chance d'un lit. Au pire, je dormirai sur la plage. Ce ne sera pas la première fois, me rappelant mon équipée avec Nathan[15], ou dans d'autres occasions. Ma dernière expérience en forêt m'a fait découvrir l'activité bruyante et fréquentée la nuit : déplacement d'insectes, crissements sur des feuilles mortes, mordillement du sac de couchage... C'est une autre histoire.

Je crois à ma bonne étoile. Optimiste par nature, j'aime positiver lorsque les choses se déroulent autrement de ce que je voudrais. Être négatif, n'apporte aucune solution. Au contraire, il entraîne des peurs et des angoisses inutiles. Je ne suis pas dans le désert du Ténéré !

Je reprends mon bâton, et repars à mon pas de sénateur. La fatigue, bien sûr. Je passe dans des endroits connus surplombant l'océan, et même sous ce tunnel percé dans la roche. J'en profite pour m'en mettre plein les yeux et remplir mes poumons d'iode (ah ! ceux-là). Se créer des émotions, c'est rendre les choses plus faciles.

La nuit est tombée, j'arrive sur les hauteurs de Castro. Je me voyais déjà dormir sur la plage. Mon attention est attirée par une toute petite annonce plaquée sur un poteau : « *Bed 12 € 100 m.* ». Mon sang ne fait qu'un tour, sinon plusieurs. Illico presto, je m'y dirige et découvre un petit hôtel/spa dans une petite rue.

---

[15] Alain Lequien, **Destins croisés**, BoD.

Un homme au téléphone me fait signe d'entrer. À l'intérieur, une femme me propose un lit pour le prix indiqué. Il est 23 h. Je bois une bonne bière d'arrivée avec Éric, un Français ami de la patronne. Vous avez dit chanceux, l'Alain...

75 : Cerdigo, Islares, 13 km (1 550 km)

Il me reste du chemin à parcourir. Il est préférable de récupérer, selon le bon principe : « *Qui ménage sa monture va plus loin.* » Après ces longues étapes, je lève le pied en réduisant la longueur de la prochaine étape. Je dois conserver une activité physique minimale pour éviter la crispation musculaire et les crampes.

« Celui qui cherche un ami sans défaut reste sans ami » (Proverbe turc)

Je prends tout mon temps jusqu'à Islares. Le choix est d'autant plus facile que j'ai déjà apprécié cette petite station balnéaire et l'hospitalité de son gîte. Je pourrai m'ioder et me prélasser avant les étapes du *Primitivo*. En quittant l'accueil, je suis requinqué. J'ai très bien dormi malgré mon arrivée tardive.

Je visite Castro Urdiales, une ville de 32 000 habitants, et ses belles plages. En ville, j'assiste à une scène digne d'un film italien : une barque poussée sur un chariot en pleine avenue du front de mer.

Castro possède une belle église surplombant la mer. Il y a deux ans, j'ai assisté au passage des mariés sous un tunnel de rames levées. Aujourd'hui, d'autres émotions comme cette décoration réussie d'un mur. Les Ibères ont beaucoup de goût. Je passe devant le camping surplombant la ville, ainsi qu'à Cerdigo, un petit village s'affirmant être un lieu d'accueil des peregrinos.

L'arrivée à Islares est agréable, avec ses rochers, ses prairies en bord de mer et ses Fous de Bassan. Enfin, je crois... Je ne m'y connais pas trop en oiseaux de mer.

J'en profite pour buller une grande partie de l'après-midi entre balades dans les rochers, trempette sur la plage, un peu de bronzage transformé en coup de soleil.

Une courte étape dans un gîte accueillant, agrandi par des tentes Quechua en complément du local. Bonne idée. La rançon du succès...

Le soir, dîner à base de poisson frais au restaurant de la plage. En revenant, alors que le ciel avait été clément, la pluie fait son apparition. Drôle de temps depuis quelques jours. Il est 21 h, je m'endors.

76 : Llendo, Laredo, Santoña, 28 km (1 578 km)

Lever tôt après ce long repos, suivi du petit-déjeuner payé l'euro symbolique. Je quitte le gîte pour rejoindre Laredo, suivi d'un passage en barque pour dormir à Santoña.

Le début du parcours est peu folichon, le long d'une route à grande circulation. Pas de véhicule à cette heure matinale. Sur le goudron, la marche est peu agréable. Je rejoins des petites routes. Les villages s'enchaînent les uns après les autres. À Rioseco, je rencontre une Danoise un peu perdue : elle sifflote en marchant, ce qui n'est pas désagréable... trop longtemps. Nous marchons ensemble.

Nous arrivons à l'église de la Magdalena, hélas close. Cette fermeture serait liée aux nombreux vols, mais aussi à des raisons financières. Les paroisses ne recevraient plus de subvention. Ce n'est pas le cas en France où elles sont entretenues par les communes ou l'État.

Dans une longue montée dans les bois, la pluie de grande intensité s'est remise à tomber. Marchant plus vite que ma compagne du jour, je m'arrête pour parler à deux Français de mon âge. L'un tire un chariot où se trouve entassé le matériel de camping.

Accompagné de son chien, il vient du centre de la France, passant six mois de l'année sur le Camino. Le second, venu du Havre, l'a rejoint pour un temps. Comme quoi, je ne suis pas le seul vieux fou à arpenter les Caminos.

« À quoi bon soulever des montagnes quand il est si simple de passer dessus ? » Boris Vian. On se prend souvent la tête pour des broutilles.

J'arrive à l'Alto de Arza. La pluie a cessé. Ma surprise est de voir la Danoise filmer un rapace en s'extasiant de son vol. En français, elle l'appelle pour qu'il vienne planer au-dessus de nous. À ma grande surprise, cela marche. Répondant à ses appels (?), l'oiseau descend pour nous observer, puis il retourne vers les cimes. Heureuse, elle reste sur les lieux de cette rencontre. Étonnant cette attitude. Plus tard, Jean-Charles m'expliquera qu'il existe des personnes en lien avec la nature. Hum ! Je crois plus à quelque chose d'attirant !

La laissant seule, je rejoins Iseca Nueva et Llendo. Je prends un abondant petit-déjeuner digne de ce nom au milieu d'autres marcheurs. J'ai faim. Je prends en photo l'église Santa Cecilia.

En sortant, je découvre l'existence d'un autre trajet pour me rendre à Laredo, mon point de passage. Délaissant le fléchage, je prends celui se dirigeant vers la côte. J'aime la nouveauté ! Plus long et dur physiquement, j'y gagne au change. Les paysages sont fantastiques.

Les photos parlent plus d'elles-mêmes (voir mon blog). Souvent, les mots appauvrissent ce que nous voyons ou ressentons. Cette fin de trajet se déroule dans la solitude, avec pour seuls compagnons, le soleil revenu, le vent et les oiseaux de mer. Laredo m'apparaît différent, avec sa grande plage et la beauté de la mer en fond de toile.

Arrivée en ville à midi. Je profite de mon passage pour visiter l'église gothique de Santa Maria de l'Asuncion. La guide est en train de fermer la grille. M'apercevant, elle me laisse entrer, faisant profiter son geste à deux couples. Je la remercie comme il se doit. Un exemple pour ce gardien d'Eunate (Camino Aragonés, étape 69a).

Je rejoins la grande plage de Laredo pour prendre le bateau traversant la Ria de Treto vers Santoña, la fin de mon étape. Sur la plage, je rencontre Nicolas et sa sœur, deux Réunionnais effectuant le Chemin. C'est une première pour le garçon, la seconde pour sa sœur. Comme de nombreux débutants, Nicolas souffre des pieds et du genou. Le Chemin apprend à connaître son corps et mieux contrôler et maîtriser ses actions et choix.

Je lui conseille de marcher nu-pieds le long de la mer, en alternant la marche entre le sable et l'eau. Un moyen efficace de se remettre des longues marches sur terrain dur. Tremper ses pieds dans l'eau iodée permet aussi d'assouplir les talons et de soigner les coupures et ampoules. Nous rejoignons ensemble le lieu d'embarquement. Il faut attendre un peu. La barque plate d'une quinzaine de personnes vient s'échouer sur le sable.

Nous montons par une petite passerelle lancée du bateau, aidé par un marin. La traversée dure quelques minutes, nous payons quelques euros le passage. Après une vingtaine de minutes de marche, nous rejoignons l'auberge de jeunesse. Pour 15 €, la demi-pension (lit, repas du soir, petit-déjeuner). Une référence !

Je pars vers Güemes. J'ai apprécié ce lieu et ma rencontre avec le padre Ernesto en 2013 (photo de cette époque). Son albergue, *La cabana del abuelo Peuto, la cabane de grand-papa Peuto* est la maison de son enfance. Ce religieux claraitin charismatique est le défenseur des populations sud-américaines délaissées. Si vous passez, prenez le temps de visiter la petite chapelle décorée de huit fresques originales et évocatrices du Chemin réalisées par un peintre sud-américain (clichés de deux d'entre elles).

Les événements du jour en décident autrement. Mes pas me mènent à El Brusco, après avoir longé les murs impressionnants du centre pénitentiaire d'El Dueso. Lors des années noires du franquisme, des événements graves s'y sont déroulés. De nos jours, il est considéré comme un modèle du système pénitentiaire. C'est cela aussi le Chemin, comprendre son environnement, son histoire, ses légendes...

Au bout de 5 km, je rejoins la plage pour gravir l'escarpement d'une centaine de mètres permettant l'accès à la plage suivante.

La montée raide est impressionnante, à flanc de coteau. Passant de pierre en pierre, je me fais doubler à plusieurs reprises par de jeunes sportifs très à l'aise s'arrêtant pour prendre des selfies. De fait, ils me gênent dans ma progression lente sur ce sentier étroit.

En haut, une vue grandiose avec le soleil en toile de fond. Il doit en être de même avec le soleil couchant. J'entame la descente raide et pierreuse pour rejoindre la plage suivante.

Arrivé dans l'eau, je me baigne les pieds avec en point de mire une petite cité balnéaire. Autour de moi, quelques marcheurs. Seul bruit, le véhicule traînant une grille pour ramasser les déchets laissés par les baigneurs. Une scène classique matinale de bord de mer.

Pris dans mes réflexions, je rate la sortie. Un marcheur espagnol me hèle en me l'indiquant. En le rejoignant, nous échangeons en français.

Il m'explique que son groupe s'arrête à Santander. Ils sont très étonnés d'apprendre ma venue depuis Genève. Je les quitte à Noja pour continuer seul. Je retrouve des passages connus menant à San Miguel de Meruelo où je mange un morceau dans un bar.

Je m'arrête à Bareyo, espérant visiter la collégiale Santa Maria du 12e siècle. Hélas, elle est close. Pour mon second passage, je ne peux pas la découvrir. Dieter et son compagnon hongrois arrivent. Assis sur un muret, nous partageons des fruits. Ils dorment à l'albergue de Güemes. C'est bien, Padre Ernesto aura du monde, trop peut-être. Nombreux sont ceux qui s'y arrêtent.

Voulant éviter cette affluence, je continue vers Santander. Mon besoin de solitude... mais aussi l'envie de découvrir cette grande ville où
je suis déjà passé rapidement.

La quinzaine de kilomètres est avalée rapidement. L'ardeur du soleil est très présente. Manquant d'eau, j'achète une bouteille d'eau bien fraîche. Je traverse les villages de Güemes, Galizano avant d'arriver à Somo. Ici se trouve l'embarquement sur la navette traversant les cinq kilomètres de la baie de Santander.

À l'embarcadère, je retrouve un Anglais croisé vers San Sebastián. Parti d'Irún, il parcourt le *Norte*, me disant combien ce Chemin l'enchante. Il en profite pour prendre des bains de mer. Peut-être aurais-je dû la prendre ? Une autre fois ?

Cette traversée de quelques minutes est très agréable, le vent frais venant atténuer l'ardeur du soleil. À Santander, nous nous dirigeons vers le gîte des peregrinos. Si l'accueil est sympathique, les locaux ont bien besoin de rénovation : les douches fuient, les toilettes sont sales... Pas très envie de rester, mais bon, je suis installé et je n'ai pas le courage de rechercher un autre hébergement.

Mon collègue britannique quitte l'albergue. Je visite la cathédrale, puis flâne dans la ville. C'est si bruyant que je regrette de ne pas m'être arrêté à Güemes, ou de ne pas avoir dormi de l'autre côté de la baie.

« Les choses qui nous encombrent matériellement encombrent aussi notre esprit. Il faut faire de la place. »

Les regrets ne servant à rien, je dîne dans un bar près de l'albergue, rejoint avant l'heure de fermeture. Demain est un autre jour.

78 : Penacastillo, Boo de Pielagos, Barreda, Santillana del Mar, 30 km (1 643 km)

Malgré mes critiques, la nuit est calme jusqu'à 5 h 30. Deux marcheurs espagnols font du bruit avec leurs sacs en plastique. Ces malotrus des gîtes ne respectent pas le besoin réparateur de sommeil des autres.

Personnellement, je prépare mon sac la veille, mettant mes affaires du lendemain et celles de toilette sur le sac. Le matin, je sors de la chambrée pour enrouler mon sac de couchage dans sa poche et les affaires de nuit. Question de respect.

Après leur départ, je ne peux pas me rendormir. Je me lève, prends une douche et un thé rapide accompagné de deux petits gâteaux. Me voilà parti pour une nouvelle journée. Le temps est incertain. Au bout d'un bon kilomètre, je trouve un bar ouvert. Je prends un café americano (grand café allongé) accompagné d'un morceau de tortilla.

« *Tout bonheur commence par un petit-déjeuner tranquille.* » (Somerset Maugham) Un conseil, les amis. Terminé les cafés engloutis à toute vitesse. On s'assoit, on prend son petit-déjeuner pendant un quart d'heure pour bien commencer sa journée.

La pluie se remet à tomber. Je passe mon k-way et recouvre mon sac. Elle redouble d'intensité. Mauvais présage du déroulé de la journée. Je marche sans trop m'arrêter en passant par Pena Castillo, Santa Cruz de Bezana. Au bout de 10 km, complètement trempé, transi de froid, je monte dans le train passant à proximité. De toute façon, j'aurais dû le faire à Boo de Piélagos puisque le pont routier est coupé. Faire le détour de 7 km par Oruna n'est pas envisageable par ce temps. Cheminer n'est pas du masochisme. Je descends à Barreda.

En quittant le train, je fais la connaissance d'Hélène et d'André, des résidents français habitant Bruxelles. Partis de Santander, ils ont pris le train pour échapper à la pluie. Celui-ci ne passant pas à Santillana del Mar, notre destination, ils descendent à cette station.

La pluie tombe dru. Nous nous réchauffons dans un bar en espérant que le temps se calme. De concert, reprenant notre périple, la pluie continue à tomber. Quelques centaines de mètres plus loin, ils s'arrêtent pour acheter un parapluie. Je continue seul. Je ne les revois pas de la journée. Je passe par des routes réaménagées pour la sécurité des marcheurs, avec une voie spécifique de couleur rouge.

Santillana apparaît d'un seul coup au milieu de la campagne. Il s'est développé autour de la collégiale Santa María trônant en plein centre du village. On y trouve de nombreux palais, produisant l'un des centres historiques les plus importants de Cantabrique. Jean-Paul Sartre l'a décrit comme « *le plus beau village d'Espagne* ». Vous trouverez la visite détaillée sur mon blog (2013).

Il est vrai que ses ruelles pavées, ses petites places, ses musées ne manquent pas de charme. On y trouve de nombreux magasins et restaurants remplis de touristes. Malgré la pluie, ils sont nombreux à déambuler dans les ruelles.

Arrivé tôt, transi de froid, je rejoins l'albergue privée Solar de Hidalgos située en pleine ville. En effet, l'albergue municipale du musée Jesus Otero n'ouvre qu'à 16 h, et du monde attend déjà.

Le lieu est étonnant, à l'ambiance vieillotte. Je partage ma chambre avec deux cyclistes espagnols. Après la douche, je rentre dans mon sac de couchage pour me réchauffer et pousse un somme jusqu'à 20 h. Je sors juste pour prendre un repas peregrinos dans un bar. Je suis un peu souffrant. Une bonne nuit est nécessaire.

79 : Cóbreces, Comillas, San Vincente de la Barquera, 35 km (1 678 km)

À mon départ, la cité est déserte. Le temps est frais, le ciel couvert, ce qui ne présage rien de bon.

Mon proverbe chinois du jour : *« Celui qui vit sans folie n'est pas si sage qu'il croit. »* Il faut savoir bousculer ses habitudes pour retrouver son âme d'enfant.

Je passe à Arroyo, près d'étranges tours s'alignant dans les champs avant d'entrer dans Oreña. À quelques encablures de là, perchée et isolée sur son tertre, l'ermita San Pedro, à Caborredondo, la mignonne petite église romane.

À Cigüenza, l'église singulièrement imposante et inachevée pour un si petit village. Sa construction est due à la folie des grandeurs d'un colon prévoyant de revenir au pays. Il voulait copier l'église de Las Capuchinas de Lima (Pérou). Il envoya des plans, finança la construction et mourut avant son retour.

Direction de Cóbreces et son abbaye cistercienne de Santa Maria de Villacelis. Je suis le Chemin historique.

En route, arrêt dans un bar rempli de marcheurs. D'où sortent-ils ceux-là ? Je ne les ai pas vus sur le Chemin. Arrivée à l'abbaye et à son église San Pedro Ad Vincula de couleur pastel. Les locaux abritent une albergue. Plusieurs marcheurs s'y dirigent pour y faire halte.

Cherchant ma direction, je retrouve Hélène et André, les Bruxellois. Nous faisons route commune. Montées, descentes, sentiers de terre, asphalte, les kilomètres s'enchaînent.

Nous arrivons à Comillas, une cité rendue célèbre par une légende jacquaire. Un cavalier suivait le corps de saint Jacques que ses disciples ramenaient de Jérusalem. Voulant franchir le bras de mer pénétrant vers l'intérieur des terres, il ne trouva aucun passage.

Entrant dans l'eau, il ressortit de l'autre côté indemne. Son corps, et celui de son cheval étaient recouverts de coquilles (de saint Jacques, bien sûr).

Il reste une douzaine de kilomètres à marcher vers San Vicente de la Barquera, le terme de notre étape. Après El Tejo, nous traversons le golf de Santa Marina et pénétrons dans la cité par le long pont de 28 arcs de La Maza, érigé au 16e siècle sur l'ordre des Rois Catholiques. Autrefois en bois, il était considéré comme le plus monumental de son époque, avec 32 arches.

Étant donné l'heure avancée, aucun espoir de rejoindre l'albergue El Galeon. Mes compagnons ont réservé dans une pension pour un prix raisonnable. Je me joins à eux.

La cité touristique est animée par un petit spectacle de rue. Ancien repaire de pêcheurs, la cité est l'une des plus pittoresques de la corniche cantabrique. Au loin, lorsque le temps le permet, on aperçoit les sommets des *Picos de Europa* situés aux frontières des Asturies, de la province de León et de la Cantabrie.

Si la cité est dédiée à San Vicente (nom de l'estuaire), c'est la Vierge vénérée par les pêcheurs qui est mise en valeur. Lors de mon premier passage, j'avais visité l'imposante église Santa Maria de Los Angeles bâtie du 13e au 16e siècle. J'en garde un très bon souvenir.

Nous profitons du port de pêche pour manger du poisson. Le plat typique est le *sorropotún* ou *marmita barquereña*, sorte de ragoût à base de thon et de pommes de terre. Nous nous contentons d'un simple poisson.

Après cette longue étape, le repos est le bienvenu. Nous sombrons rapidement dans les bras de Morphée.

80 : Serdio, Unquera, Colombres, La Franca, 20 km (1 698 km)

5 h du matin, nous sommes réveillés par des échanges bruyants se déroulant sur la place, au pied de la pension. Un groupe d'une dizaine de personnes (avinées ?) s'exprime avec force. Le ton monte rapidement, des insultes fusent. Au bout d'un moment, le bruit décline lentement, le groupe s'éloigne, le silence retombe.

Le mal est fait, pas moyen de se rendormir. Malgré la pluie tombant lentement, je décide de reprendre la route. Hélène et André souhaitent faire la grasse matinée et rester dans la station balnéaire.

En sortant de la pension, la pluie tombe dru. J'ai fait le mauvais choix, un de plus. Pas question de remonter et de déranger mes compagnons de route. Je cherche en vain un bar ouvert. Rien. Je m'éloigne, à moitié trempé. En passant devant la gare routière, l'accueil est éclairé. C'est désert. Je prends un café au distributeur et un paquet de gâteau qui traîne là. J'attends que la pluie se calme.

À Unquera, je pénètre dans les Asturies. La cité est située sur la rive droite de l'embouchure du Rio Deva. Son monastère, fondé au 7e siècle, aurait abrité le plus grand morceau connu de la croix du Christ rapporté par un évêque. En passant devant un barbier, je choisis de faire tailler ma barbe. Changement de tête, je suis moins SDF.

Colombres est unique. J'y accède par un passage spécifique pour le marcheur, rencontrant de nombreux touristes. Quel que soit l'endroit, le paysage est superbe avec ses grands vallons. Sur les hauteurs, l'accrobranche inutilisée reliant plusieurs arbres s'est détériorée.

La cité abrite de nombreuses villas atypiques construites par les *Indianos,* ces émigrants partis faire fortune en Amérique du Sud. À leur retour, ils bâtirent de belles propriétés en suivant les règles architecturales des pays visités. Les couleurs sont chatoyantes.

Au bout de deux heures, je reprends mon bâton, et quitte la cité par de petites routes asphaltées. Je traverse un paysage encaissé avec de prairies couvrant les versants des monts calcaires. Je traverse La Acebosa, Hortigal, Estrada sans voir âme qui vive. Aux alentours de Serdio, enfin quelques marcheurs, venant d'une autre direction. À Estrada, un édifice fortifié datant du 14e siècle en rénovation, formé d'une tour de trois étages et d'une chapelle.

Le plus beau bâtiment à mes yeux est le palais bleu de la *Quinta Guadalupe*. Cet édifice et son superbe jardin ont appartenu à Iñigo Noriega Laso, émigré au Mexique. En 1906, il le fit construire, lui donnant le nom de son épouse. De nos jours, il abrite le musée de l'Émigration. J'aurais aimé le visiter, mais un groupe scolaire très bruyant s'y trouve. Je préfère renoncer. Une autre fois ? D'autres villas attirent l'œil, dont certaines possèdent des palmiers ramenés du Brésil.

Le temps est peu engageant, il ne pleut plus, ce qui est un bien. Toutefois, peu en jambes, grelottant après la pluie matinale, j'ai dû attraper froid. Je préfère raccourcir l'étape.

Parti pour Llanes, situé à 23 km de Colombres, en temps normal, ce parcours n'aurait pas posé de problème. Je rejoins le camping de La Franca situé à 5 km pour récupérer ma nuit sous la couette. En arrivant, la pluie se remet à tomber. La maisonnette en bois appréciée lors de mon passage précédent est remplacée par un Mobil-Home en plastique. Bon, tant pis ! Je n'ai pas envie d'aller plus loin. Seul dans un espace réduit pour quatre, je me repose en toute quiétude.

81 : Pendueles, Llanes, Póo, Niembro, 32 km (1 730 km)

Le froid me réveille. J'ai un mal de tête lancinant, sans médicament pour le calmer. J'utilise ma vieille méthode : focaliser mon esprit sur le mal en serrant les dents. Peu à peu, il semble se dissoudre. À chacun son truc... Ce léger mieux ne me pousse pas à me lever. J'attends 8 h 30 pour prendre le petit-déjeuner au bar. Je suis peu disposé à parcourir une longue étape. Les choses sont rarement celles prévues, les incertitudes du Chemin...

« La bonne humeur réussit là où la force et la raison échouent. » (Proverbe canadien)

La pluie a cessé de tomber, le temps reste humide et frais. Je marche depuis un kilomètre lorsque l'astre solaire apparaît timidement. Au fil du temps, je vais de mieux en mieux. En arrivant près de Pendueles, je croise un troupeau de vaches. La vie continue, sans nous...

Non loin de Vidiago, le sentier serpente le long de la côte. La nature, sans être luxuriante, affiche la beauté des paysages balayés par le vent. Les sentiers terreux et pierreux s'enchaînent au fil des kilomètres. En suivant leurs dénivelés, il faut parfois monter des escaliers de pierres, passer sur des ponts de bois dominant un passage comme sur le Rio Puron.

Un peu plus loin, ce sont les *bufonnes d'Arenillas*. Je me remémore cette étrangeté de la nature découverte en 2013. Nous trouvant au bord du trou, nous entendons l'écho du flux et du reflux de la mer, surtout lorsqu'elle est déchaînée. Étonnant !

La côte est si découpée que l'on aperçoit en passant des criques aux petites plages calmes pour prendre un bain réparateur. Après tout, pourquoi pas, puisque la nature s'offre ainsi ? Ce n'est pas mon trip, j'ai l'appréhension de la mer. Comme excuses (bof !), il est tôt, le soleil n'est pas très chaud, l'eau de l'Atlantique est réputée assez froide...

Un peu plus loin, longue montée suivie d'une grande descente contournant le golf de la Cuesta installé sur les hauteurs. J'entrevois des joueurs tirant leurs sacs à roues (sourire). Nous voisinons dans deux mondes différents. Peut-être que l'un d'eux nous regarde ? Peut-être pense-t-il que nous sommes bizarres à suer en portant notre sac ?

Si la grande partie du chemin est agréable, la fin est partiellement détruite par des coulées d'eau et de boue peu après Cué. Magnifique vue sur le golfe de Llanes.

Au bout de la descente, l'ermitage de Cristo del Camino situé entre deux collines. Construit au 16e siècle, il est abrité par une plantation d'eucalyptus. La légende veut qu'un jour, un groupe de pèlerins, parmi lesquels un puissant seigneur français, soit à la recherche de l'ermitage. Des bandits les attaquent. Se voyant en détresse, ils appellent la protection du Crucifié. Alors, une lumière aveuglante apparaît, frappant es bandits. Atteints d'une cécité soudaine, ceux-ci demandent grâce, promettant de ne plus agresser quiconque. S'émerveillant du miracle, les pèlerins les laissent en vie. Ils racontent l'événement à tous ceux qu'ils rencontrent. Depuis, l'ermitage prit le nom du *Christ du Chemin*.

En contrebas, la cité de 4 000 habitants hors-saison. De nombreux touristes circulent en ville pour la fête locale. Les maisons rappellent celles de Colombres. La marque des Indianos...

L'albergue située dans l'ancienne gare est complète. Devant, Hélène et André, nos deux Bruxellois. Nous prenons la direction de Póo, également en kermesse. L'albergue est remplie. Nous continuons, André possède l'adresse d'une pension à Niembro, à 7 km de là.

En vue de Barro, nous passons devant l'église néoclassique de Nuestra Señora de los Dolores (Notre Dame des Douleurs) construite au 19e siècle. De style néoclassique, elle semble posée sur une péninsule de sable. Quand le vent n'ondule pas l'eau, elle se reflète dans celle-ci.

Après une recherche fastidieuse, nous trouvons la pension très excentrée du tracé. Mes compagnons ont réservé pour deux, l'accueillant ajoute un troisième lit dans la chambre pour un prix raisonnable.

Après la douche et les courses effectuées à la boutique d'une station-service, nous dînons sous une tonnelle. Gracieusement, la mamie du lieu nous lave notre linge. Beau geste. Un bon moment.

82 : Cuerres, San Antolín de Bedón, Ribadesella, 20 km (1 750 km)

La nuit est sereine et récupératrice. Lever traditionnel sans petit-déjeuner. Nous partageons le contenu du sac. Chacun, selon son envie, prend un thé ou un café lyophilisé. Je suis plutôt thé vert. Le café lyophilisé, très peu pour moi. Il me donne des aigreurs d'estomac. Je suis peut-être un peu « petite nature ».

« L'idéal de la vie n'est pas l'espoir de devenir parfait, c'est la volonté d'être toujours meilleur » (Ralph Waldo Emerson)

Nous reprenons la route goudronnée en espérant rejoindre le tracé que j'ai annoncé terreux. Lors d'une grande descente, une montgolfière attire notre regard, faisant des sauts de puce derrière la montagne. Nous voyant prendre des photos, une voiture s'arrête, son conducteur fait de même. Peut-être croit-il que nous regardions un ovni ?

Progressivement, nous arrivons en vue du monastère de San Antolín de Bedón. Ce lieu datant du 12e siècle s'est dégradé malgré de nouvelles plantations d'arbres près de son entrée. Un mécène va-t-il sauvegarder ce lieu unique ?

Nous marchons désormais sur un chemin historique de plus de vingt siècles comme le prouve un pont romain bien conservé. Emboîter le pas de nos Anciens, ressentir leurs émotions accumulées, voilà une bonne raison de continuer cette longue marche.

À 13 h, nous atteignons Ribadesella, une jolie station balnéaire avec sa grande plage fréquentée. Fondée au 13e siècle par Alphonse X le Sage, la cité présente un étonnant mélange d'urbanisme médiéval et moderne. Au début du 20e siècle, de nombreux manoirs et villas se sont implantés près de la plage Santa Marina, dont la Villa Rosario, bâtis par des Indianos imprégnés des pays latino-américains.

Je m'y arrête, Hélène et André préfèrent continuer. Nous n'avons parcouru que 20 km. Après mes déconvenues d'hébergement, je préfère assurer mon gîte, encore flapi de ma nuit frigorifiée au camping.

En prenant le verre de l'amitié en bord de mer, nous constatons que la villa se trouvant derrière nous est une auberge de jeunesse. Un endroit peu onéreux pour y passer la nuit. Nous nous quittons, je m'installe. En revenant de la douche, je vois que mes compagnons de route ont changé d'avis en s'installant dans la chambrée.

Je profite du temps clément pour me balader et découvrir de nombreuses villas cossues. Je me trempe dans la mer iodée. Le lieu est très lumineux. Après m'être prélassé une demi-heure, je rentre à l'auberge pour écrire. Le soir, nous terminons la journée dans un restaurant à poisson, comme à San Vicente. Si le repas est touristique, l'ambiance est agréable.

À 22 h, il est temps de se reposer.

83 : Vega, La Isla, Colunga, 22 km (1 772 km)

Je traîne en prenant le petit-déjeuner prévu à l'auberge. C'est l'heure de la séparation. Hélène et André continuent vers Gijón, je privilégie le *Camino Primitivo,* vers Oviedo.

Il fait beau. À la sortie de Ribadesella, je m'arrête au camping, l'envie de reprendre un café. Je discute avec des scouts français de passage dans la région.

Longue montée vers San Pedro. Contrairement à mon dernier passage, elle me paraît facile. Sur la petite route, quelques marcheurs et cyclistes se dirigent vers la plage de Vega. Dans le vieux village, les *hórreos* sont en bois contrairement à ceux en pierres de Galice. L'histoire de ces petites maisons sur pilotis, recouvertes de chaume ou de tuiles, avec un escalier décalé du bâtiment, nous projette dans le passé. Les Romains en parlent dans leurs chroniques. Ils servaient de greniers à grains typiques pour conserver et protéger le maïs et les denrées alimentaires des rongeurs (rats, fouines...). Vers le 16e siècle, ils se développent dans la région. Chaque maison possède le sien.

Après le passage sur la plage déserte à cette heure matinale, je continue le long de la côte sauvage. La mer est calme. Tout proche, des criques sauvages. Dans l'une d'elles, un couple a dormi sous la tente. Cette solitude relative se gagne, on y accède par un sentier raide et escarpé.

Autour de moi, les oiseaux de mer s'expriment bruyamment. Sur cette côte échancrée, ce chemin agréable me fait penser à un sentier de douaniers. Le passage du Rio de Los Romeros (les marcheurs de Dieu) est aisé de nos jours. Jadis, il était difficile. Après le camping, je me dirige vers la plage pour y tremper mes pieds. J'aurais dû le faire plus souvent.

Au bout de 17 km, après La Espasa, j'arrive à La Isla. Il n'est que midi. De nombreuses personnes se prélassent sur la plage. Je fais une longue pause dans la cité, visitant en passant l'église préromane de Santiago de Gobiendes dont on m'a dit du grand bien.

Tout a une fin. Il faut reprendre la route pour arriver à Colunga en m'éloignant de la côte. Je fais halte dans un hôtel peu onéreux. J'ai besoin de solitude et d'espace pour écrire. L'écriture est ainsi. Lorsque la réflexion, l'imagination acceptent de sortir des tréfonds de soi, il faut s'en saisir. Le temps passe vite. La nuit tombée, j'ai juste le temps de trouver à manger un plat rapide dans un petit bar.

84a : Sebrayo, Villaviciosa, Casquita, 20 km (1 792 km)

À 6 h, je prends la route. Le temps est humide et frais. Tout est fermé dans le village, pas moyen de boire une boisson chaude. Bah ! Ce n'est pas grave, rien n'est jamais grave. Je me contenterai de fruits secs et d'une banane.

« Dire que l'homme est un composé de force et de faiblesse, de lumière et d'aveuglement, de petitesse et de grandeur, ce n'est pas lui faire un procès, c'est le définir. » (Diderot)

Personne sur le chemin. Je pense à mes écrits d'hier. Peut-être aurais-je dû partir après avoir les avoir relus. C'est souvent ce que je fais quand je rédige de nuit. Je rature (virtuellement sur l'ordinateur), étant parfois insatisfait de mon travail. Encore un truc d'auteur.

Les petits villages et hameaux se succèdent rapidement par une petite route sinueuse à travers la campagne. À Pernús, je suis rejoint par des marcheurs. Le fléchage est ambigu, nous échangeons pour éviter l'erreur. Deux Françaises de mon âge se montrent peu cordiales (*vous n'avez qu'à suivre votre plan, monsieur...*) sans chercher à communiquer dans la sérénité. Ouah ! Dans la longue montée suivante, j'accélère vers La Liera pour les distancer. Elles s'accrochent (à l'évidence, cela ne leur plaît pas). Je n'ai pas envie de partager leur randonnée.

Certains marcheurs préfèrent suivre la grande route, plus courte. Nous nous retrouverons, ou pas, à Sebrayo. Je préfère le tracé, certes plus long, mais bien dans l'esprit du Chemin. Depuis quelque temps, je constate l'utilisation fréquente des smartphones pour rejoindre au plus vite une destination. La peur de manquer de logement ? Autres mœurs !

Je découvre un lieu aménagé sous le porche d'une maison, où trônent une machine à café et un distributeur de nourritures. Je me fends d'une salade russe (ben oui !) et d'un café. Il est très fréquenté, au vu de la liste des noms inscrits à la craie sur des tableaux noirs. Il est vrai qu'autour, c'est le désert.

À Priesca, l'église San Salvador datant du 10ᵉ siècle est fermée. Dommage, il y aurait de belles fresques. Du fait de ces fermetures fréquentes, nous passons sûrement à côté de beaux trésors.

Au bout de 11 km, arrivée à Sebrayo, un village de 400 habitants. Son albergue fermée à cette heure-ci est trop proche pour m'y arrêter.

J'apprendrai, par Vincent rencontré plus tard, qu'elle est minuscule et qu'il est difficile de s'approvisionner dans le village.

Plusieurs montées et descentes m'amènent à Villaviciosa, une ville de 6 000 habitants, très commerçante. J'y bois de nouveau un café allongé avec de la tortilla tenant bien au corps. Il faut croire que l'histoire se répète. Quasiment au même endroit qu'en 2013, un musicien fait la manche. Ce n'est pas le même. Je fais mon petit geste. Voulant visiter l'église Santa María de la Oliva, réputée comme la transition entre l'art roman tardif et le gothique, sa porte est close. Dommage ! Elle est belle et les guides en disent du bien.

Je double un groupe de Français avec lesquels je tente de lier connaissance. Ils ne sont pas causants. Mon malheur, si je peux dire cela, c'est que je les retrouverai à la fin de l'étape...

J'arrive à l'intersection des deux Caminos à Casquita. Celui pris par Hélène et André passe par Gijón, dans la continuité du *Camino Norte*, en suivant la côte. L'autre, plus exigeant physiquement, se dirige vers Oviedo, marquant le début du *Camino Primitivo*. Cet itinéraire, oblique à l'intérieur des terres, traverse les montagnes.

La maison située à cette intersection est l'une des photos les plus prises sur ce Camino.

J'assiste à la séparation d'un couple de marcheurs. Madame continue vers Gijón, Monsieur vers Oviedo. Moment touchant où chacun suit, pour un temps, un parcours différent avant de se retrouver. Le Chemin, c'est beaucoup de partage d'émotions...

Sur le Camino Primitivo (Espagne)

Pourquoi le *Camino Primitivo, le chemin primitif ?*

Vers 812/814, sous le règne du roi asturien Alphonse II dit le Chaste, eut lieu, selon la tradition, la découverte par un ermite de la tombe de l'apôtre Jacques. Son corps serait arrivé vers l'an 44 en provenance de la Palestine à Iria Flavia (aujourd'hui *Padrón*, près de Santiago). Ce roi est considéré comme l'un des premiers pèlerins venus semer les graines du troisième plus important pèlerinage de la Chrétienté. Ses liens avec Charlemagne attirent de nombreux croyants.

Ce Camino naît officiellement dans la capitale des Asturies (Oviedo). Il pénètre en Galice en traversant les montagnes de Lugo. Hormis le *Camino Maritimo*[16] (sur la voie portugaise), un cheminement parcouru en bateau, c'est la plus ancienne voie pédestre menant à la tombe présumée de l'apôtre Jacques. Il précède les quatre voies historiques de France et le *Camino Frances*.

---

[16] Voir page 213 de cet ouvrage.

84b : Étape au monastère de Valdediós, 6 km (1798 km)

Je prends la direction du monastère de Valdedios où je m'arrête. Ayant séjourné en 2013, il m'a beaucoup marqué notamment par l'histoire du petit chien noir. Prenant mon repas au bar situé en face du monastère, ce chien abandonné vint me lécher les pieds. Le lendemain matin, il m'attendait sagement, assis devant la grille du monastère. Nous avons parcouru ensemble une dizaine de kilomètres ! Aujourd'hui, sur une borne jacquaire, un chat se prélasse au soleil.

Après la Parra, à l'intersection de deux routes, deux marcheurs sont attablés sous un arbre. Je m'arrête pour manger un morceau et lier connaissance. Vincent est travailleur social. Il accompagne une adolescente en difficulté de Lourdes. Le projet proposé est de *« réfléchir sur les fondamentaux des relations sociales, en marchant »*. Si ce projet réussit, elle échappera à la détention dans un centre clos. Elle a le visage renfermé, il y a de l'électricité dans l'air.

Nous marchons jusqu'au monastère. La jeune fille s'ouvre peu à peu, me posant des questions. Elle ne comprend pas pourquoi je suis parti sur ce chemin, *volontairement,* considérant son trajet vers le Portugal comme une punition. Ils continuent, le but de Vincent est de rester en tête à tête. Je pense à ce message de Claude Tresmontant : *« Ce qui est mauvais, ce n'est pas d'être chenille, c'est de refuser la transformation par laquelle la chenille devient papillon. »*

Situé dans un vallon boisé et retiré, le monastère cistercien Santa María la Real de Valdediós, le val de Dieu, est impressionnant.

Arrivé le premier, l'hospitalière qui assure les visites des églises me confie la clé de l'albergue située dans une aile du monastère. Sans moines depuis peu, je m'y installe.

Deux heures plus tard arrivent les Français croisés à Villaviciosa. Je tente de renouer le lien en les invitant à entrer. En vain. Ils restent entre eux. Finalement, ils s'installent. Peu à peu, le gîte se remplit. Je fais la connaissance de deux cyclistes, Romuald et sa cousine espagnole. Je me sens en phase avec eux.

Le soir, je prends le dîner au bar situé en face du monastère. Du fait de l'éloignement du village, il survit avec la fréquentation des marcheurs et touristes.

Alors que je mange, l'un des Français vient voir le contenu de mon assiette, me demandant mon avis sur le contenu. Il est favorable.

Ils commandent leurs repas en demandant des modifications du menu peregrinos au patron. Celui-ci ne parle pas notre langue. Alors qu'il s'éloigne, l'un des Français fait une réflexion déplacée : « *Il est idiot ce mec, il ne comprend rien* ». Je suis gêné, c'est le moins que je puisse dire, par le comportement de mes compatriotes. Au cours du repas, ils l'interpellent à plusieurs reprises, pour un oui ou pour un non. Bref, des touristes à la posture indigne du Chemin...

Je suis certain que cet homme a entendu, et compris leur réflexion idiote. En réglant mon écot, je m'en excuse en anglais. Il me regarde en souriant, fait un mouvement des yeux qui en dit long sur notre complicité. M'étant aperçu qu'il ne m'a pas fait payer ma bière, je lui en fais la remarque. Il me fait un signe de la main pour me signifier « *que ça va comme ça* ». Cette gratuité me gêne bien sûr, mais il faut savoir accepter le don de l'autre. Nous nous quittons en nous serrant la main, sous le regard étonné des pignoufs...

Le monastère Santa María la Real de Valdediós

Lors de mon passage précédent, je n'avais pas pris le temps de visiter longuement ce beau site. L'église préromane de San Salvador est déclarée au Patrimoine mondial de l'UNESCO depuis 1985 avec d'autres monuments préromans asturiens comme « *Églises du Royaume d'Asturies* ». Autant dire que nous avons beaucoup de chance de pouvoir nous reposer dans un lieu aussi serein et porteur d'histoire.

Bénéficiant du prix pèlerin, je me joins à un groupe de visiteurs. Même si je comprends imparfaitement les subtilités de la langue espagnole, les explications données sont suffisamment claires pour en comprendre le sens. Il est vrai que j'aime l'art roman, cet art symbolique. Je ne suis pas déçu de ma visite tant le lieu est prenant.

Fondé par Alphonse IX, il est dédié à l'Annonciation de Notre-Dame. Une inscription couronnant le portail nord attribue l'œuvre à l'architecte Gualterio qui dirigea les travaux entre 1218 et 1226. Tout au long de son histoire, il fut destiné à différents usages : collège d'enseignement secondaire, séminaire...

Après de longues années d'abandon, il est réinvesti par les moines. Ils le quittèrent définitivement en 2012. Ils proposaient d'y faire retraite. Les pèlerins étaient gâtés avec un office, la bénédiction des pèlerins... Pour les chrétiens, une véritable étape spirituelle.

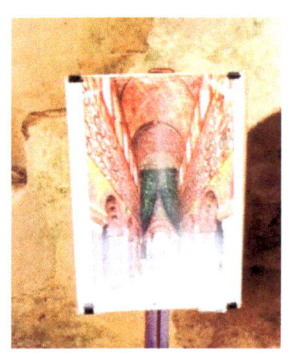

La pièce maîtresse de cet ensemble se trouve en retrait, au milieu des prés. L'église *San Salvador de* Valdediós est familièrement appelée *« El Conventín »*. Son édification eut lieu sous le règne d'Alphonse III le Grand, qui régna de 866 à 910. À l'intérieur, de nombreuses fresques d'origine *mozarabe*, c'est-à-dire le traitement des thèmes chrétiens influencé par l'art musulman. Son plan basilical possède trois nefs, la centrale étant plus large avec des voûtes en berceau et des chapelles absidiales rectangulaires. Sans transept, elle possède de chaque côté une annexe.

En appui de la paroi sud, le porche annonce les galeries de la période romane. Par l'une d'elles, on accède à l'intérieur de l'église par sa porte méridionale. On y trouve les traces de nombreuses fresques d'influence mozarabe, d'autres avec des octogones ou des losanges, sans oublier des figures humaines et des motifs de la tradition paléochrétienne. Tout un espace d'art et de spiritualité qui élève l'âme vers le Ciel...

85 : Alto La Campa, La Vega de Sariego, Pola de Serio, Oviedo, 34 km (1 832 km)

Je pars parmi les premiers après avoir pris mon dernier sachet de thé vert. Le temps est frais, avec un peu de brouillard. De bonnes conditions pour gravir le dénivelé pour atteindre La Campa. Un bel exercice de mise en jambes aussi pour se réchauffer. La montée est facile. Je pense au petit chien noir rencontré en 2013. Étonnamment, il me manque. J'espère qu'il a quitté son errance en trouvant un bon maître, et qu'il vit désormais heureux dans une famille.

Sur les hauteurs, en me retournant, je visualise en contrebas le monastère et ses immenses bâtiments dans son écrin de verdure.

On peut comprendre le choix monastique pour ce havre de paix et de quiétude facilitant la méditation et la prière. Ils travaillaient la terre pour subvenir à leurs besoins. *« Ora et Labora »,* prier et travailler était l'adage résumant la vie bénédictine, donc des Cisterciens.

Peu à peu, je traverse des hameaux : Villaoscura, Villarica. À l'alto (col) de La Campa, à 400 mètres d'altitude, le vent souffle avec force. Signe de beau ou de mauvais temps ? Je redescends vers Figares, Pedrosa et La Vega de Sariego où se trouve une albergue.

Détruite, elle fut reconstruite après la guerre civile de 1936. Elle est aménagée avec des petites fenêtres de style mozarabe en souvenir de l'ancien édifice.

Déjà 7 km. Pas le moindre bar en vue pour prendre un petit-déjeuner plus conséquent. Il me reste 27 km à parcourir pour atteindre Oviedo où je fais halte ce soir. Peut-être est-ce un peu prétentieux ? À voir ! La dernière fois, je n'avais fait qu'y passer.

Je continue vers Barbechu, El Castru, Aveno... avant d'arriver au bout de 10 km à Pola de Serio, une cité de 13 000 habitants.

En route, je m'assois un moment à l'ermitage isolé de La Bienvenida pour lequel j'avais eu un véritable coup de cœur. Il respire la sérénité.

De loin, se découpe dans le ciel l'imposante silhouette d'un taureau géant vante un brandy d'Osborne. À la suite d'un procès demandant sa suppression, le tribunal suprême d'Espagne considéra qu'il devait être maintenu en raison de son *« intérêt esthétique et culturel »*. Sic... La photo est prise de l'arrière.

À Pola, je cherche un bar. J'entends mon prénom. Me retournant, c'est Romuald et sa cousine croisés au monastère. Nous échangeons de l'ermitage croisé et de la beauté des paysages. Dépassant Oviedo, nous nous séparons avec regret. Ils sont sympas et pas fiers. Ah, s'ils marchaient, nous aurions pris du plaisir de cheminer ensemble.

Je prends un solide petit-déjeuner faisant office de repas de midi. Je passe devant le gîte où j'avais rencontré Mathieu en 2013, revu il y a un mois à Oloron-Sainte-Marie (jour 61).

Direction El Berron. J'y passe rapidement. J'atteins le Palacio de Meres visité avec Mathieu. Je revisite l'église datant des 15e et 16e siècles, dédiée à Santa Ana. Elle est souvent utilisée, comme le palais attenant, à la célébration de mariages et des cérémonies luxueuses. Classé Monument culturel espagnol depuis 1990, il appartient à la même famille depuis 14 générations.

Je reprends la route vers El Campu et Colotto. Je retrouve Vincent, le travailleur social et la jeune fille qu'il accompagne. Je les avais quittés au monastère alors qu'ils étaient en froid. Il s'est arrêté à l'albergue de Sariego. Maintenant, l'ambiance est plus cool. Son métier est difficile et utile. Il me fait penser à Pascal, le grand frère télévisuel essayant de remettre sur le droit chemin des jeunes en révolte.

Ils font halte à Oviedo pour deux jours, l'adolescente doit récupérer en poste restante du courrier familial. Elle l'attend, angoissée. Nous continuons de concert vers la capitale asturienne. Après avoir partagé une boisson rafraîchissante près de l'usine Coca-Cola, à Colloto, nous enjambons le pont médiéval.

Il reste 6 km à parcourir. Vincent a réservé leur logement dans une albergue privée. N'ayant rien prévu, il me propose de l'accompagner. Je trouve ainsi mon gîte sans chercher. Laissant Vincent remplir sa mission, je m'éloigne volontairement pour ne pas les déranger.

Fondée au 7e siècle, Oviedo (en asturien, *Uviéu* ou *Uvieo*) est la capitale de 200 000 habitants de la principauté des Asturies. Sa devise *« La muy noble, muy leal, benemérita, invicta, heroica y buena ciudad de Oviedo »* que l'on peut traduire par *« La très noble, très loyale, méritante, invaincue, héroïque et bonne ville d'Oviedo »*.

Un dicton daté de 1583 reflète la grande popularité de son sanctuaire : *« Qui a été à Saint-Jacques et n'a pas été à Saint-Sauveur, a visité le serviteur et a délaissé le Seigneur »*.

La cathédrale San Salvador (Saint-Sauveur) est de style gothique flamboyant. Au 13ᵉ siècle, elle prit sa forme définitive à la suite d'une rénovation. Elle est connue comme *sancta ovetensis*, possédant de nombreuses reliques de qualité. Depuis le 11ᵉ siècle, le *Soudarion*, un linge de lin de 84 cm sur 53 cm, est vénéré comme une composante du Suaire du Christ. Une étude scientifique ferait apparaître une quinzaine de points concordants avec le visage du Linceul de Turin.

C'est l'occasion de goûter aux fameux *carbayones* d'Oviedo, sa spécialité gastronomique. C'est bon et bourratif, à la crème d'amandes.

Ayant bien fondu, mes poignées d'amour peuvent l'accepter. Je me donne le droit de déroger à l'alimentation traditionnelle du marcheur.

Vers 22 h, un peu d'écriture, notamment sur le travail et l'engagement de Vincent pour l'aide apportée à des parents. Ayant trois garçons désormais adultes, je mesure la difficulté du mal de vivre de certains adolescents.

86 : Peñaflor, Grado, San Juan de Villapañada, 29 km (1 861 km)

Laissant Vincent et son ado (je leur ai dit au revoir et souhaité bonne route hier soir), je quitte l'albergue vers 8 h. Je prends un petit-déjeuner copieux au restaurant d'hier.

À la sortie de la ville, une statue commémore le premier pèlerinage du roi Alphonse II le Chaste. Plus loin, une œuvre moderne alternant le blanc et le noir, symboles de la lumière et des ténèbres.

Le paysage urbain devient champêtre, avec la montagne moyenne et une succession de petites routes de campagne. Je rencontre de nombreux marcheurs, dont des Asiatiques arrivés par l'aéroport d'Oviedo. Ils débutent leur Chemin.

À Escamplero, passage devant l'albergue qui m'est connue. À Valsera, belle petite chapelle moderne dédiée à Notre-Dame de Fátima. Depuis 1930, elle remplace celle du 11e siècle, détruite partiellement par un incendie. À Premoño, un petit village désert, existait à l'époque médiévale un hôpital de pèlerins, en service jusqu'au 18e siècle. Il n'en reste qu'une petite chapelle dédiée à Santa Ana.

Ayant suivi le Rio Nalón, près de Peñaflor, je traverse le pont historique roman mentionné dans des écrits de 1144. Il s'y déroula de nombreux combats entre les troupes napoléoniennes et espagnoles. Le maréchal Ney voulait soumettre la Galice et les Asturies. Harcelé par la guérilla, il repoussa les troupes du général La Romana en 1809.

Je dépasse À Grado, l'albergue municipale étant annoncée à San Juan de Villapañada, à 2 km ! En fait, je marche 5 km, avec un dénivelé de 200 mètres. Quant aux 12 places annoncées, il y en a une bonne vingtaine sans oublier ceux installés sur des matelas dans la cuisine. Domingo, notre hospitalier rigoureux sur la discipline, réconforte et aide ceux en souffrance. Gracieusement, il fait tourner la machine à laver le linge de tout ce beau monde. Un vrai hospitalier à l'ancienne.

Cette auberge est l'héritière de l'ancien hôpital médiéval de l'Ordre de Saint-Jean de Jérusalem. J'y rencontre Laurent, un Lillois, avec qui je cheminerai jusqu'à Santiago. Salut, Lorenzo...

87 : Cornellana, Salas, La Espina, 27 km (1 888 km)

Nous sommes nombreux au petit-déjeuner. Voulant récupérer mon linge étendu à l'arrière du bâtiment, je constate la disparition d'un short. Pris par erreur par un marcheur ? Allez savoir ! Bon, passons.

À la sortie de San Juan, je me trompe à deux reprises de ruelle. Je me retrouve derrière ceux partis après moi, comme Laurent, étonné de me voir.

Il « fait » le Chemin en marchant une vingtaine de kilomètres par jour. Sans ce modeste incident, nous n'aurions peut-être pas cheminé ensemble ?

La côte raide vers l'Alto del Fresno est montée tranquillement. Au col, il est trop tôt pour visiter le sanctuaire du 16e siècle. Dans la descente rapide, Laurent ralentit. Pas de problème, chacun son rythme. J'accélère et m'éloigne.

Après Marcelo, c'est La Doriga et son palais construit entre le 14e et le 16e siècle. J'y jette un coup d'œil rapide. Les palais ne sont pas ma passion, je préfère les petites chapelles et les ermitages.

Au bout de 8 km, arrivé à Cornellana, j'ai envie de me restaurer. Je prends mon café américain et une part de tortilla au village où je croise un couple de Portugais. Nous échangeons sur mon futur Caminho au Portugal.

Je repasse au monastère San Salvador situé à quelques centaines de mètres de là, qui m'a abrité en 2013. Il fut fondé en 1024 par l'infante Cristina, fille du roi Bermude II. Elle s'y retira au décès de son mari, Ordoño. À sa mort, en 1122, ses descendants cédèrent le monastère aux moines de Cluny qui établirent un monastère bénédictin.

Délaissée en 1835, elle fut transformée en usine à beurre. Drôle de destinée ! Durant la guerre civile de 1936, les deux camps l'utilisèrent successivement comme lieu de ravitaillement et de prison. Des travaux de rénovation sont en cours, notamment les toitures. Une bien belle démarche de prendre soin des monuments.

Je reprends la route pour rejoindre Salas, à 10 km de là. Je débute mon parcours par une longue côte raide. De loin, sur les hauteurs montagneuses, de grands travaux préfigurent le passage d'une autoroute. Ah modernité ! « *Tu écorches la terre qui te porte et tu lui fais mal* », nous dit un poème traditionnel perse de la période mazdéenne. Même si je comprends le désenclavement de la région, on pourrait peut-être utiliser des moyens moins corrosifs pour la nature.

Le passé médiéval est important à Salas, avec la tour de l'ancien château abritant un hôtel et le musée d'art préroman. Je m'arrête dans un bar pour manger et goûter les *Carajitos del Profesor,* des bonbons traditionnels faits de noisettes concassées, de sucre et de blanc d'œuf.

Une pèlerine m'indique : « *Ton copain est sur la terrasse* ». Eh oui ! Laurent vient d'arriver fourbu. Nous sommes contents de nos retrouvailles, et partageons la bière d'arrivée.

Dormant dans l'hôtel voisin, il me le fait visiter. En voyant le prix de la chambre qui, sans être excessif, n'est pas à ma portée, je décline. J'ai encore un long cheminement, et veux rester dans mon budget.

Je repars malgré le temps incertain. Je remonte le village et me retrouve sur une piste empierrée montant à flanc de montagne, au milieu des chênes et des châtaigniers. Malgré sa raideur, le sentier est vite avalé. Je poursuis sur l'asphalte, en passant sous de grandes arches routières.

Il se met à pleuvoir. Le vent souffle, la température baisse. Descentes et montées m'amènent à Porciles, à Boudenaya puis à La Espina. Ce village était un pâturage d'été des vaqueros transhumants. L'hospital et la maladrerie dépendaient de l'archevêque de Santiago.

Je m'arrête dans l'albergue privée située au-dessus d'une épicerie. Frigorifié, je me réfugie sous une couverture et m'endors. J'aurais peut-être dû rester à Salas pour me reposer… Peu à peu, le lieu se remplit de gens bruyants, dont un travailleur social allemand accompagnant un jeune. Un collègue de Vincent ! J'ignorais que d'autres pays européens utilisaient ces méthodes pour réinsérer un jeune en difficulté. C'est une bonne chose pour notre Europe commune.

88 : El Pedregal, Tineo, 11 km (1 899 km)

Le temps est pluvieux, je suis fiévreux. Ce temps, cette étape ont laissé quelques traces. Cela fait presque trois mois que je suis parti, ayant marché 1 900 km. Forcément, la récupération est plus difficile.

Je prends paisiblement mon petit-déjeuner, un thé chaud, un morceau de pain brioché et une banane. En sortant, je suis surpris par la température basse, causée par un petit vent frais et vif. Je marche d'un pas lent au milieu de routes bordées de murets. Le temps s'éclaircit, le soleil fait sa timide apparition comme pour se signaler.

Le sentier grimpe doucement et régulièrement vers El Pedregal, à 800 mètres d'altitude. C'est la moyenne montagne. En passant devant un point-service aménagé dans une ancienne construction, *El Rincon del Peregrino*, je bois un café à la machine automatique à pièces. Le café est moyen, mais faute de mieux… Un couple d'Espagnols est installé, sans volonté de communiquer.

Un peu plus loin, un Autrichien à vélo a installé sa tente en bordure du sentier. Comme moi, il n'a pas l'air frais.

Nous échangeons un peu en anglais. N'ayant pas de quoi se faire une boisson chaude, je lui donne un petit paquet de sachets de thé vert acquis en route. Sur un arbre, un hospitalier a planté une figurine amusante. Beaucoup d'humour !

Avant d'arriver à Tineo, une étonnante série de publicités pour les albergues et pensions du coin. Par ce genre de choses, on mesure l'évolution de l'esprit initial du Chemin. Il a grandement changé au profit des activités commerciales. On peut aussi le comprendre, nombreux sont ceux qui vivent du passage des marcheurs.

Le parcours surplombe Tineo. En contrebas, le *Refugio Mater Christi* où j'ai dormi en 2013. J'en garde un mauvais souvenir avec l'entassement des marcheurs, la malpropreté des lieux. Aucune envie d'y retourner, d'autant que j'ai besoin de me requinquer. J'ai prévu de rejoindre Borres. Toutefois, avec mon manque d'énergie, il est plus raisonnable de faire halte ici. En ville, je découvre un sympathique maître Jacques représentatif du pèlerin d'antan. À chaque passage, c'est mon second ici, nous découvrons des nouveautés.

Beaucoup de monde dans les petites ruelles : des marcheurs (ou pèlerins ?), des touristes, des habitants de la campagne environnante venus faire leurs courses.

Je ne sais pas où dormir lorsque je découvre un message affiché sur le mur du *Palacio de Meras*. Construit en 1525, il abrite des chambres traditionnelles d'un hôtel quatre étoiles, mais aussi une albergue de 54 lits située en sous-sol. Ses lits sont disposés par blocs de quatre avec matelas à ressorts et armoire fermant à clé. Je bénéficie d'un espace entier pour récupérer. C'est neuf, beau et agréable. Rien à voir avec les albergues traditionnelles. Il y a aussi un sauna/bain turc pour 10 € la nuit. Oui, oui, vous avez bien lu.

Alors que je me repose, Laurent arrive. Il choisit un lit isolé, tant qu'à faire. C'est chouette, je me sens en harmonie avec lui. Nous profitons des lieux pour prendre le repas peregrinos, vin compris, pour un prix modique dans cet espace luxueux. La salle à manger a conservé les vestiges du palais d'origine avec des colonnes et des arches en marbre. Très étonnant. Le soir, nous doublonnons en partageant le dîner. Avec Laurent, c'est le début d'une belle amitié qui dure toujours.

89 : Campiello, 12 km (1 911 km)

La nuit fut reposante. Mon état fiévreux est dépassé, il est vrai que la séance sauna/bain turc y est sûrement pour quelque chose. N'oubliez pas que nous avons payé 10 €... Incroyable, mais vrai !

« Le plus grand secret pour le bonheur, c'est d'être bien avec soi. »
(Bernard Fontenelle)

Je ne pense pas être un pèlerin-bobo, un *tourigrinos*. Ah oui ! Je ne vous ai pas donné ma définition. C'est le nom donné, entre vieux pèlerins/marcheurs, à ces voyageurs en voiture qui trichent en s'arrêtant près d'un lieu ad hoc pour faire tamponner leur crédenciale. Ils pourront ainsi, à un moindre effort, obtenir leur compostela à Santiago. Sans vergogne, certains font semblant de cheminer. Ils prennent leurs sacs dans le coffre de leur véhicule, les rangeant à leur retour.

La tricherie humaine... Heureusement, ce sont des exceptions qui dénaturent le sens de notre engagement. Pour eux, c'est une manière de briller dans leur *« dîner de cons »*. Un jour, sur le chemin de Tours, un couple me donna sa carte de visite. Il pouvait m'accueillir dans son appartement donnant sur le bois de Vincennes. Comme si j'étais sensible à cela... Comme par hasard, j'ai égaré son adresse... C'est mon coup de gueule du jour.

Je le dis, notre cheminement est un moment privilégié où l'on réapprend à se réconcilier avec soi, en s'acceptant tel que l'on est. Ceci, quel que soit le lieu physique où l'on se repose.

Pour la suite de mon cheminement, j'ai deux options. La première consiste à suivre le tracé traditionnel par Pola de Allende (32 km). Un parcours fait, il y a deux ans, laissant Mathieu à la croisée de la variante des Hospitales. Le second choix est de suivre cette variante. Depuis Tineo, ce trajet de 42 km se déroule en majeure partie en montagne. Ce serait insensé pour moi de faire ce marathon, sauf à dormir sous la tente.

La solution intermédiaire est de marcher jusqu'à Borres, à 19 km. Laurent doute de sa capacité à gravir la voie des Hospitales, considérée difficile par la plupart des marcheurs.

Lors du petit-déjeuner copieux, aucune décision n'est prise. Chacun de nous suivra peut-être un parcours différent. Nous sommes servis par le même barman. Nous nous faisons cette remarque bien française, habitués aux horaires cadrés, qu'il doit faire de longues journées bien qu'il ne soit plus tout jeune.

Nous quittons Tineo. À la sortie de la cité, nous gravissons une longue montée dans un brouillard épais. Le temps est frais et humide. Sur les hauteurs, nous passons près d'une fontaine où se trouve un petit ermitage difficile de prendre en photo.

Nous nous dirigeons vers les chaînes montagneuses de l'ouest des Asturies. Le calme et la solitude du Chemin nous invitent à interrompre notre marche pour nous donner le temps d'observer ce qui nous entoure, ou tout simplement, pour reprendre notre souffle. 7 km plus loin, nous arrivons à l'alto de Piedratecha, situé à plus de 1 000 mètres d'altitude. La descente s'effectue par un sentier caillouteux vers Obona (eaux bonnes).

Nous ne faisons pas le détour par le monastère en ruine de Santa María la Real de Obona datant des 12e et 13e siècles. Niché dans un vallon, je l'ai visité en 2013. La légende dit qu'il fut fondé en 780 par Adelgaster, le fils du roi Silo. Son existence au 10e siècle n'est pas contestée. Centre bénédictin important, le roi Alphonse IX fit modifier le tracé pour y permettre l'accueil de pèlerins.

À côté du cloître inachevé, son église cistercienne est en partie noyée par des herbes et du lierre. Un lieu solitaire que j'apprécie, entouré de grands arbres propices à la méditation, à la réflexion et bien sûr à l'écriture. Un lieu de quiétude au milieu de nulle part.

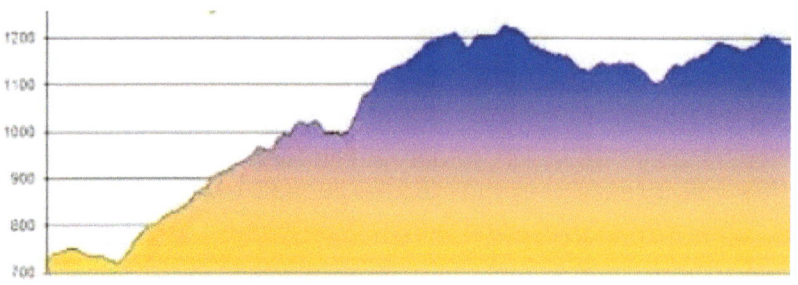

La piste forestière continue à travers les bois. Nous arrivons à Campiello. Dans ce petit hameau (une trentaine de maisons), les bars sont déjà pleins. Constatant la fréquentation à deux années d'écart, je suis étonné de compter quatre à cinq fois plus de marcheurs.

Entendant certains voulant s'arrêter à Borres, il sera difficile à l'albergue d'accueillir tout ce monde. Nous n'avons pas l'envie de courir pour avoir notre place, Laurent s'étant décidé à passer par les Hospitales. Il est plus raisonnable de l'aborder en étant en condition.

Nous nous arrêtons donc ici, partageant une chambre à la toute nouvelle Casa Ricardo, à un tarif très raisonnable. Nous y rencontrons des Grecs, des Italiens, des Espagnols, des Français... Près de l'albergue Herminia. Laurent me présente un Français qu'il a déjà rencontré, puis un autre, un autre... Nous nous retrouvons à cinq formant ce que l'on appellera désormais la *French Team* jusqu'à Santiago. Il y a Laurent, Joao, dit Jean, Jean-Charles, Damien et Alain, votre serviteur.

Parlant des marcheurs rencontrés sur le Chemin, le jeune Damien raconta avoir discuté, près de San Sebastián, à un *« vieil homme barbu »* parti de Genève. Je souris à sa description. Me regardant, il devient tout rouge comprenant que le vieil homme est... devant lui, sans barbe. Grand fou rire général. Le soir, nous sommes une trentaine à partager le repas à la Casa Hermina.

90 : Borres, Los Hospitales, Berducedo, 30 km (1 941 km)

Après une nuit calme, nous rejoignons la Casa Hermina pour y prendre un solide petit-déjeuner. Tous les cinq, nous prenons la direction des Hospitales. Ce sera sûrement l'un des plus beaux panoramas de notre Chemin. Non sans inquiétude, car il nécessite un engagement physique certain avec un dénivelé positif de 700 mètres.

La première partie s'effectue à l'aurore, profitant d'un beau lever de soleil. En peu de temps, nous avalons les premiers kilomètres jusqu'à Borres. Il y a déjà du monde, notamment ceux ayant dormi dans ce petit village d'une centaine d'habitants.

Joao, Damien et Jean-Charles partent en avant à la suite d'un coup de boutoir de 100 mètres de dénivelé. Je reste avec Laurent, l'ayant entraîné dans cette difficulté... Dans la dure montée, je lui donne quelques conseils pour réguler son souffle (je suis un ancien marathonien). Ce matin, je suis en pleine forme.

Nous arrivons au point où le parcours bifurque. La voie de gauche mène à Pola de Allande (trajet réalisé en 2013), celle de droite aux montagnes de Fonfaraón ou de Los Hospitales. Cette voie est désignée ainsi, car sur les hauteurs, se trouvent les ruines de deux accueils de pèlerins (Fonfaraón et Valparaiso) fondés vers le 13ᵉ siècle. Les deux tracés se rejoignent au Pico del Palo, à 14 km de là. En choisissant ce parcours, nous savons que nous ne trouverons aucun lieu habité.

Un kilomètre plus loin, nous atteignons La Parodiella. De loin, nos compagnons attaquent la grande montée impressionnante.

Nous sommes dans la Sierra de Palo, un endroit « *où les légendes secrètes rapprochent le pèlerin des anciens êtres mythologiques asturiens* ». Ici, c'est la terre de l'ancien peuple des pierres taillées.

Première côte raide de 300 mètres de dénivelé sur une distance de 3 km. Je ne sais pas si c'est la force qui nous soutient, toujours est-il que nous la montons rapidement avec quelques petites pauses de deux minutes. En fait, nous doublons de nombreux marcheurs, notamment un Japonais qui tente de s'accrocher. Laurent est beaucoup mieux qu'il ne le pensait. Cela préjuge bien la suite des événements.

Petit faux plat, petite descente de quelques centaines de mètres nous amènent près d'un hospital en ruines. Nous y retrouvons nos compagnons.

Il ne reste pas grand-chose des bâtiments, seulement des tas de pierres et le marquage des anciens murs. Un peu d'eau, car le soleil est bien présent, un arrêt photo et puis, l'échange devant la beauté de ce qui nous entoure. Nous repartons tous dans la grande montée raide de 200 mètres de dénivelé positif sur à peine 2 km.

Nous arrivons au point le plus haut de la journée. Damien, surnommé amicalement *bip-bip,* est largement devant. Nous nous tirons un peu la bourre, mais je dois céder devant la jeunesse de mon ami, quarante ans d'écart, c'est beaucoup. C'est pour le fun...

Je suis en pleine quiétude devant cette vue s'offrant à nos pieds. La plupart des lieux ayant du sens pour soi se méritent. Aujourd'hui, il a fallu faire l'effort de gravir la montagne pour le découvrir et ressentir cette harmonie liant l'homme à la nature.

Nous arrivons aux restes de second hospital. Les bâtiments en pierres sèches sont occupés par des bœufs et des chevaux en liberté. Ces derniers me font penser aux *pottoks*, ces petits chevaux semi-sauvages rencontrés dans la montagne basque. Ils sont les vrais propriétaires du lieu.

Après ces passages éprouvants (sans difficulté en étant un peu entraînés), le sentier devient plus facile, menant au col de La Marta. Nous y faisons halte pour manger un morceau. Il est à peine 10 h. La journée est déjà riche en émotions, pour les yeux. Nous continuons cette descente agréable en doublant une bonne dizaine de marcheurs peu habitués à cet exercice rapide. Ils arrivent parfois de l'Alto del Palo, point de jonction avec le parcours venant de Pola de Allande. Oui, cette variante est incontournable tant pour la beauté des paysages qu'émotionnellement. Une des plus belles routes du Camino.

Il y a deux ans, il y avait un brouillard intense à tel point que les pics ressortaient comme des îles au-dessus des nuages. Parlons un peu de la *légende du cuélebre et du pèlerin.*

Dans un des villages d'alentour, il existait un cuélebre, une sorte de serpent dragon géant appartenant à la mythologie asturienne. En Bourgogne, on la nomme *vouivre.* Il possédait des ailes sans pour autant présenter d'autres membres. Sa mission était de garder un trésor constitué de pièces d'or. Il avait pour habitude de dévorer les cadavres des moines enterrés autour de l'église. Un jour, un pèlerin de Compostelle le surprit et le tua avec sa lance. Tout le monde respira...

Nous entamons la descente par un sentier pierreux se faufilant au milieu des bruyères. C'est pénible au possible, mais cela fait partie intégrante du Chemin. Quelques kilomètres plus loin, nous arrivons par une piste bordée de murets au hameau déserté de Montefurado et son ermitage. Un ermite y résiderait ? Le hameau n'est pas désert. Deux femmes remplissent nos gourdes. Un acte bienvenu, il fait chaud.

Au village de Lago, nous faisons halte au bar du coin, le point de regroupement des marcheurs. Nous sommes nombreux.

Après cet arrêt, nous rejoignons Berducedo. Le gîte communal, installé dans l'ancienne école, est plein. Il faut trouver un nouveau gîte. Joao et Damien ont retenu une chambre dans une pension. Généreusement, ils nous la laissent, dormant sous la tente près de l'église. En catimini, ils viennent se doucher et laver leurs vêtements. Merci à vous, Joao et Damien, sinon, nous aurions dormi à la belle étoile ou sous l'auvent de l'église (je l'ai déjà réalisé).

Le soir, nous nous retrouvons au bar pour partager un repas joyeux. Nous y chantons notre chant du pèlerin : « *Tous les matins, nous prenons le Chemin...* ». Un franc succès, applaudi par les gens présents.

Que dire de cette journée ? Elle fut d'une incroyable richesse tant sur le plan physique en raison de l'engagement imposé par le relief que par la beauté sauvage des espaces traversés ou de la faune aperçue. Et surtout, par ce lien amical créé dans la difficulté.

91 : A Mesa, Grandas de Salime, Castro, 26 km (1 967 km)

Reposés après une bonne nuit, notre marche est rapide malgré la montée sur une allée pierreuse à la sortie du village. Nous rejoignons la route goudronnée menant à A Mesa. Personne devant l'albergue installée dans l'école rurale. Nouvelle montée dans le brouillard.

Mes compagnons accélèrent. C'est raide. Je les retrouve au départ du sentier traversant un paysage désolé et venteux menant à Buspol, à 1 000 mètres d'altitude. Jadis, il existait un hospital.

Nous nous arrêtons à la minuscule ermita de pierre Santa Marina. Sa porte est close. À travers la grille, un petit autel décoré avec une iconographie naïve et une cloche fondue en 1327 (inaperçue).

Sur un panneau, cette prière : « *Senor Santiago, me pongo en tu presencia en esta Capilla mientras recorro mi camino para llegar preregrino hasta tu santo sepulcro. Invoco ahora la intercesión de San Antonio, de Santa Maria Magadalena, la prima persona que vio a Jesus resucitado, y la protección de Sta Marina...* ».

Traduction : « *Saint Jacques, je me mets en ta présence dans cette Chapelle tandis que je parcours mon Chemin de pèlerin vers ton saint sépulcre. J'invoque maintenant l'intercession du Saint-Antoine, de Sainte-Marie Madeleine, la première personne qui vit Jésus ressuscité, ainsi que la protection de sainte Marina...* »

La tête de Joao bute sur une pierre plate mal placée qui la recouvre. Heureusement sans conséquence.

Direction Grandas de Salime. Ce nom de *Salime* est lié à une légende. Le diable aurait baptisé le vieux pont englouti. Un jour, pris de boisson, il tomba à l'eau en criant « *Salime, Salime* », ce qui, en vieux patois asturien, veut dire « *sortez-moi, sortez-moi* ». Voyant qu'il ne savait pas nager, les habitants s'en saisirent et le rejetèrent à l'eau. Ce nom fut conservé en l'honneur de cette victoire sur le Malin.

Par une route raide, nous arrivons au village. Visite rapide du musée ethnographique, perpétuant le monde rural ancien. Nouvelle légende. Un forgeron, en quête de connaissances, chercha à découvrir les secrets du Malin. Il visita le diable vivant dans une grotte. Rusé, il lui dit connaître déjà la scie, ce qui était faux. Le diable lui fit remarquer que les humains ont dû copier la dentelure de la feuille du châtaignier. De retour au village, il s'empressa de l'observer et d'inventer la scie.

La collégiale San Salvador est fermée, nous partons en direction de l'auberge de jeunesse de Castro, à 5 km de là. Nous y retrouvons plusieurs marcheurs déjà croisés. Le tarif est raisonnable. La chambre à quatre lits nous change des grands dortoirs de ronfleurs. Le repas peregrinos est de qualité (soupe chaude, viande). Comme d'habitude, Damien et Joao couchent sous leurs tentes.

Les yeux pleins de beaux souvenirs de cette journée, Morphée nous tend bientôt ses bras.

92 : Alto de Acebo, À Fonsagrada, 20 km (1 987 km)

Ma réflexion du jour : « *Se regarder scrupuleusement soi-même, ne regarder que discrètement les autres.* » (Confucius) L'introspection est un excellent moyen de progresser.

151

Nous bougeons vers 7 h du matin. Petit-déjeuner pris rapidement, puis départ en petits groupes échelonnés. Le temps est frais. Les premiers kilomètres sont franchis à pas rapides, il faut se réchauffer.

Dans un premier temps, c'est une suite de sentiers herbeux, de petites routes de campagne, suivies de pistes au milieu de landes à genêts et bruyères. Le brouillard présent, nous ne bénéficions pas du paysage. Nous passons près du castrum *Chao Samartín* datant de quatre siècles avant notre ère.

Nous ne faisons pas le détour. Une autre fois peut-être ? La plupart du temps, je marche de concert avec Laurent. Damien et Joao sont largement devant, à moins qu'ils ne soient derrière. On ne sait pas en fait... Arrivée à l'Alto de Acebo (1 030 mètres), regroupement de la French Team. Miracle, un bar ouvert, nous dégustons un café chaud.

Nous sommes désormais en Galice. Le fléchage stylisé des coquilles est inversé. La direction est donnée en partant de l'intérieur du co-quillage vers le bord extérieur. Pourquoi ? Symboliquement, celui vers l'intérieur de la coquille me parle mieux. Il indique que tous les chemins mènent à Santiago... Heureusement pour nous, les flèches jaunes sont plus explicites. Localement, le Camino Primitivo devient le *Camino d'Oviedo*.

Nous continuons groupés, pour un temps, dans la montée. Cabreira, Fonfria. Les bornes jacquaires indiquent désormais le kilométrage restant pour l'arrivée à la cathédrale de Santiago. À Fonfria (*Frigidam Fontem, eau froide*), elle indique 166,956 km. Je souris de cette pré-cision, le tracé étant en constante modification avec les travaux rou-tiers, les variantes... Après avoir serpenté sur un mont touffu, nous arrivons au hameau de Silvela, puis à la chapelle Santa Barbara do Camin. La Team, séparée en cours de route (chacun marchant à sa vitesse), se regroupe de nouveau.

À Paradanova, nous passons devant la minuscule chapelle Santa Cruz, non visitable. Nous avons l'habitude. Deux kilomètres plus loin, après une grimpette courte et raide, nous arrivons devant la Fonte (parfois désignée Fons) Santa (la source sacrée) qui donna son nom à A Fonsagrada. La légende veut que la Vierge y soit apparue à plusieurs reprises, souhaitant voir bâtir une nouvelle localité au détriment de la voisine, A Pobra de Burón. En réaction, les habitants de celle-ci les accusèrent d'avoir volé la statue pour la transporter à la fontaine. Que-relle de clocher ?

Une autre légende raconte que saint Jacques aurait fait jaillir du lait de cette source pour nourrir les enfants d'une pauvre veuve l'ayant reçu avec beaucoup d'hospitalité.

Fonsagrada est la cité la plus élevée de la Galice, à 950 mètres d'al-titude. On y découvre des paysages spectaculaires, dont la montagne d'Os Ancares en toile de fond.

À notre arrivée, nous faisons nos courses pour le repas du soir à l'al-bergue ouverte depuis peu. Celle-ci, dénommée Os Chaos (en galicien « Le Chaos ») n'a rien de désordonné.

Les locaux modernes, propres et spacieux n'ont rien à voir avec ceux où j'avais dormi à la sortie de la ville, tenus par la Protection civile.

Le soir, sur les conseils d'un Espagnol connaissant les lieux, nous partageons notre dîner dans le restaurant réputé pour sa préparation de poulpe. Les courses serviront pour la suite du cheminement. Nous nous retrouvons une bonne dizaine autour du plat galicien et goûtons au gâteau de Fonsagrada. Une ambiance joyeuse se terminant vers 22 h. C'est cool.

93 : Albergaria, Paradavella, O Cadavo (Castroverde-Lugo), 25 km (2 012 km)

« Si cela va sans dire, cela ira mieux en le disant », disait Talleyrand. S'exprimer est fructueux pour celui qui parle et celui qui écoute.

Nous avions envisagé de marcher une trentaine de kilomètres jusqu'à Castroverde. Le temps, le destin va changer notre équipée puisque nous serons obligés de stopper à O Cadavo Baleira.

Peu entassés dans le refuge, nous passons une nuit pleine. Comme d'habitude, Damien et Joao dorment sous la tente malgré le temps maussade. Je les plains avec le froid, la pluie... Je les comprends aussi, leur budget est limité. À plusieurs reprises, ils ont refusé notre aide. C'est leur choix, mais il est dommage que dans ces conditions difficiles, ils n'acceptent pas la main fraternelle tendue. D'un autre côté, je les comprends étant un peu pareil : *il est plus difficile de recevoir que de donner.* Long débat philosophique...

Levés tôt, nous petit-déjeunons avec le contenu du sac. Nous partons sous la pluie, et entamons notre parcours par un sentier herbeux suivi d'une piste forestière.

Avec Laurent, nous choisissons de suivre le bord de la route pour éviter la boue. Mal nous en a pris ! Sous la pluie, nous nous égarons, recherchant en vain le fléchage. Montées raides, descentes du même acabit : nous sommes en moyenne montagne. Vu le profil de l'étape, il en est ainsi toute la journée.

Après Vilardongo, nous nous dirigeons vers l'Hospital de Montouto situé à l'alto éponyme à plus de 1 000 mètres d'altitude. Nous y découvrons une ermita superbe et les ruines de l'ancien hôpital El Real fondé en 1357 par le roi Pedro 1er le Cruel. Il y a deux ans, j'y ai fait halte. Si le lieu est magique, il n'est pas possible de rester.

La pluie continue avec force. Dommage, je n'ai pas vu le fameux dolmen annoncé sur le site... comme la dernière fois. J'apprécie la présence de ces marques du passé laissées par les « *peuples de la pierre* », nos ancêtres. Eh oui ! Je suis sensible à la culture celte.

Nous descendons une large piste forestière entourée de landes, suivies d'une forêt de conifères. Peu à peu, la piste se rétrécit pour devenir sentier.

Dans un passage difficile, la peur me saisit. Je subis un blocage provoqué par la crainte de glisser sur les pierres mouillées, pouvant recasser ma cheville réopérée en janvier. Il est clair que réapparaît ma chute de l'an dernier où, à la Motte-du-Caire (Alpes-de-Haute-Provence), je suis tombé sur le bord d'un ravin.

Heureusement, Laurent est présent. Il se montre un ami efficace et fraternel. Pas par pas, sur une centaine de mètres, il bloque mes pieds avec les siens, me soutenant par le bras. Mètre par mètre, nous mettons le temps nécessaire. Enfin, le sentier devient plus facile. Je suis vidé, moralement et physiquement. J'ai besoin de récupérer en me recentrant sur moi-même, pour libérer mes tensions. Laurent a été le témoin de ma grande faiblesse, mais il faut savoir l'assumer, la dépasser. C'est pour cela que je l'exprime.

J'ai envie de rester seul, proposant à mon ami de continuer sa marche à sa vitesse et de nous retrouver au café situé quelques kilomètres plus loin. Je m'éloigne du Chemin. J'ai les membres complètement tétanisés et une forte compression de la poitrine. C'est violent et douloureux[17]. Peu à peu, par l'autosuggestion, je retrouve mon calme.

Reprenant mon parcours, j'atteins Paradavella (l'ancien arrêt) et le bar. Laurent m'attend. Complètement trempé et frigorifié, je change de vêtements. Un quart d'heure plus tard, nous dégustons des tartines frugales et du thé bien chaud. Reposés, nous reprenons la route.

Vu le temps, les autorités locales dissuadent les marcheurs de suivre le sentier serpentant à flanc de montagne. Dommage, la vue était belle. Nous continuons sur le goudron vers A Degolada (*l'égorgée,* ce lieu serait l'endroit de décapitation des condamnés).

---

[17] Avec du recul, il s'agissait des prémices de mon accident cardiaque arrivé après la montée du col du Grand-Saint-Bernard, sur la Francigena. J'ai été opéré.

Après la montée vers l'alto, nous arrivons à A Fontaneira. Il pleut toujours. Le poncho de Laurent n'a pas résisté au vent. Nous nous arrêtons dans un bar pour manger un casse-croûte copieux et revigorant. Nous échangeons avec des touristes belges, intrigués par notre volonté de marcher par ce temps. Pour l'Histoire, ce village d'une centaine d'âmes vit le passage en 1809 des troupes napoléoniennes. Étonnant, si loin des voies de communication !

À deux kilomètres d'O Cavado Baleira, nous entendons une forte musique qui augmente au fur et à mesure de notre marche. Le gîte communal est complet, plusieurs dorment déjà par terre. Il est vrai qu'avec la pluie... Le prochain gîte se trouve à 9 km. Sur la grande place, c'est la fête au village, d'où la musique entendue de loin. Malgré le déluge, un orchestre s'évertue à chanter, danser et jouer sur une scène abritée. Le public reste à distance sous des chapiteaux commerciaux. Les pauvres musiciens... Nous les applaudissons.

Après 25 km difficiles, nous nous questionnons sur la suite de notre marche. C'est alors qu'apparaît un bus affichant la destination de Lugo. Sans hésitation, nous sautons sur l'occasion. Tant pis pour l'étape de 30 km non comptabilisée qui nous attendait. Il faut savoir le faire quand cela est nécessaire. Dans le bus, des têtes connues : un couple d'Italiens, Manuel, un Espagnol rencontré en 2013 avec qui nous avons partagé le poulpe, d'autres marcheurs ayant fait le même choix que nous.

À la descente à Lugo, 30 minutes plus tard, les Italiens ont réservé au Grand Hôtel. Nous y allons. Le prix de la chambre partagée entre nous deux est peu tenable. Nous y prenons deux nuits pour dormir, nous laver, nettoyer et sécher notre linge. Surtout, pour récupérer de cette dure étape. Un temps pour une découverte approfondie de Lugo.

Après la sieste, nous nous rendons au centre-ville. En passant devant le gîte, il est loin d'être plein. Nous avons peut-être un peu surréagi en allant à l'hôtel... Ce qui est fait est fait.

À la cathédrale, nous découvrons le char portant un statuaire de la Cène. Magnifique. Saint-Jean est représenté sous la forme d'un éphèbe aux cheveux longs. Il s'appuie sur l'épaule de Jésus. À moins qu'il ne s'agisse d'une femme ? Étonnant !

94 : Repos à Lugo et découverte du *Mithrœum*

Nous profitons de cette journée de repos pour reprendre des forces. Après plus de 2 000 km de marche, je pense avoir mérité cet arrêt. Je ne suis pas déçu de mon choix.

Pensée de Léon Daudet : « *Cultive ton enthousiasme comme une plante merveilleuse.* » Se montrer passionné est une clé du bonheur.

Nous promenant dans les rues de l'ancienne cité romaine, non loin de la cathédrale, nous découvrons la présence des restes d'un *mithrœum,* un temple dédié à la religion de Mithra. Je n'avais jamais entendu parler de cette présence à Lugo alors que j'ai étudié les religions indo-iraniennes (mazdéisme, zoroastrisme, mithraïsme).

Est-ce le destin (ou le hasard) qui nous a poussés à nous arrêter une journée complète à Lugo ? Mystère ?

Dans les années 2000, lors de la percée d'un parking, les ouvriers découvrirent les restes d'une ancienne résidence romaine abritant ce temple. Son point d'orgue : un autel en granit bien conservé sur lequel fut trouvé ce texte traduit *: « Pour le dieu... Mithra, Gaius Victorius Victorinus, centurion de la Légion VII, Gemina Antoninianae, Pieux, Heureux, Dévot et Loyal, volontiers érigé (cet) autel en l'honneur du lieu de contrôle militaire de Lucus (Augusti) et de son nom Victorius secundos et Victorius Victor ».*

D'origine indo-perse (la Perse est l'Iran actuel), le culte de Mithra (Dieu de lumière), le mithraïsme, s'est répandu en Europe avec le cantonnement des soldats romains originaires du Moyen-Orient. Les cérémonies se déroulaient dans un temple, le *Mithrœum*. Primitivement, il s'agissait de grottes naturelles, puis des constructions dépourvues de fenêtres accueillant un nombre limité de fidèles (une cinquantaine).

De nombreux points communs existent entre le mithraïsme et le christianisme. Par exemple, la naissance du Christ le 25 décembre, une date identique à celle de Mithra, dans des situations proches. Sans oublier le bonnet phrygien, symbole de liberté, appartenant à ce dieu.

Cette découverte est une avancée dans la connaissance de la culture religieuse de l'Empire romain entre le 1er et 4e siècle apr. J.-C.. Visitant le site avec Laurent, nous y sommes retournés avec plusieurs de nos amis marcheurs. Une vraie découverte pour eux.

Le soir, nous dégustons (encore) du poulpe dans un restaurant. Il est moins séduisant que celui de Fonsagrada, mais nous sommes dans une ville touristique. Quittant nos amis, Laurent et moi découvrons dans un bar l'*herbal*, une liqueur galicienne composée de plusieurs herbes. À notre hôtel, en arrivant, un duo chante et joue de la musique locale entraînante. Nous buvons une petite bière avant la nuit.

95 : San Román de Retorta, Puente Ferreira, 29 km (2 041 km)

Ma pensée du jour est de saint Augustin : « *Se vider de tout ce dont on est plein, se remplir de tout ce dont on est vide.* »
Après avoir pris notre petit-déjeuner dans une panaderia (boulangerie), nous rejoignons nos potes de la French Team sur le parvis de la cathédrale. Nous quittons la capitale provinciale par la Porte de Santiago, située dans la muraille monumentale (3 km de longueur), inscrite au Patrimoine mondial de l'UNESCO. Dans une centaine de kilomètres, nous arriverons à Santiago.
Petit arrêt au dernier bar de la cité pour prendre un café et quitter la civilisation bruyante vers la solitude du Chemin. Nous traversons le Miño par l'ancien pont romain d'une centaine de mètres de long sur quatre mètres de large. Longeant le fleuve, le temps est agréable.
Les groupes s'égrènent sur le parcours. À une intersection, certains continuent tout droit pour rejoindre une variante du Camino Norte. D'autres, c'est notre cas, entament la montée d'une côte raide vers le Camino das Regas conduisant à San Román de Retorta. Au sommet, l'étape étant devenue plate, la plus grande partie se déroule le long d'une route peu fréquentée. Sur les bas-côtés, un sentier s'est créé au fil du passage des marcheurs.
Je me retrouve seul. Au bout de 9 km, à Burgo do San Vicente, je m'arrête à l'église paroissiale de style baroque rural galicien. Rejoint par Damien et Joao, nous ne pouvons hélas pas la visiter.
Nous rejoignons un bâtiment de ferme reconverti en bar. Après deux heures de marche, il est bon de prendre un solide petit-déjeuner.
Un peu plus loin, nous quittons la route goudronnée pour des sentiers creux. Certains sont restés naturels, d'autres suivent une antique *calzada*, une sente sombre, dallée de pierres plates.

Déjà 18 km franchis en arrivant à San Roman da Retorta. Nous faisons halte un instant devant l'ermitage roman siégeant au milieu du cimetière. Tout près, la réplique d'une borne militaire romaine dont l'originale se trouve à Astorga. On peut y lire : « *C.Caesar.Divi. Aug. Pronepos. Augustus. Pont Max. Trib. Pot.III.Co.III.P.P.* » Une voie romaine passait ici, il y a 2 000 ans.

Laurent décide de dormir au gîte local. Avec regret, nous nous quittons. Peut-être ressent-il le besoin de se retrouver seul ? Laissant son sac, il fait un bout de chemin avec nous pour dire au revoir à Joao et Damien. Nos deux amis sont déjà loin. Il retourne donc au gîte.

Nous traversons Pacio pour rejoindre Ponte Ferreira où, existerait une albergue pour pèlerins ? Après une halte près d'un modeste pont antique romain, nous la rejoignons. Avec Jean-Charles, nous prenons les deux dernières places. Il fallait réserver ! À leur habitude, Joao et Damien cherchent un lieu pour poser leurs tentes.

Après la douche bienfaisante, dans l'attente du repas, nous assistons de loin à l'office religieux de deux prêtres polonais accompagnant un groupe. Vision normale, nous suivons un pèlerinage chrétien. Même si nous restons discrets, nous portons en nous notre spiritualité.

Damien et Joao partageant le repas commun, le garçon me propose de jouer aux échecs. Je n'ai pas perdu la main. Nathan, mon éveilleur, serait fier (mon ouvrage *Destins croisés*[18]).

Le soir, nous sommes une quarantaine à partager l'énorme paella préparée par nos hôtes. Les Polonais, si calmes lors de l'office religieux, sont bruyants après avoir consommé pas mal de vin.

96a : Ax Xersa, Melide, 20 km (2 061 km)

« Il n'en finit pas, le Chemin, il est en moi, je suis en lui. Il s'efface quand je le fuis. Je crois le suivre, il me dépasse ». Marc Baron.

Nous quittons l'albergue sous un temps couvert et frais.

Au bout de quelques centaines de mètres, sortant d'un sentier, Joao et Damien nous rejoignent. Ils ont dormi dans un bois. Ensemble, nous reprenons notre cheminement. Je leur parle de Melide, de la dégustation du poulpe chez Madame Ezequiel.

---

[18] Alain Lequien, **Destins croisés**, BoD, 2024.

Après Montecelo, nous atteignons San Xurxo de Aguas Santas où j'avais dormi. Voulant leur faire découvrir ce gîte moderne, nous assistons à un échange hargneux entre l'hospitalière et un jeune homme. A priori, un marcheur. Nous en subissons les conséquences. Elle nous refuse l'entrée. Bref, mes amis se moquent gentiment de moi, après leur avoir dit que j'avais eu un bel accueil. C'est raté.

Après la traversée de Merlán, nous arrivons à Casacamiño par des sentiers boueux. À la sortie, nous entamons la montée de la crête parmi les genets et les incontournables petits eucalyptus nous menant au modeste col de la Serra do Careón. Nous quittons la province du Lugo pour celle de La Corogne. La route goudronnée redescend entre les pins et des landes.

À Vilamor, nous profitons de la mise à disposition par un habitant de bouteilles d'eau. Nous nous désaltérerons avec une coquille Saint-Jacques. J'oublie mon bâton de bois, le quatrième de ce cheminement, je ne m'en apercevrai qu'à Melide. Rêveur, le pote Alain !

Avant Melide, nous passons au hameau de Compostela, le bien nommé. C'est en pleine campagne, rien à voir avec Santiago. Oui, le chemin n'est pas encore terminé...

Sur le Camino Frances (Espagne)

96b : Melide, Boente, 6 km (2 067 km)

Nous entrons dans Melide, rejoignant le *Camino Frances*, le *Chemin des Francs*, véritable autoroute de marcheurs. Adieu, les petits groupes ! Une vision déroutante pour celle ou celui n'ayant pas vécu cette soudaine apparition de ce flot continu. Parmi eux, ceux qui marchent depuis longtemps, comme notre French Team. Et puis, ceux nombreux ayant débuté à la borne des cent derniers kilomètres pour obtenir la *compostela* à Santiago. Une différence aisée à mesurer : ces derniers consommateurs sprintent pour arriver les premiers au gîte.

La découverte de la chapelle de San Roque se fait au pas de course. Je l'ai visitée à deux reprises. Profitant de la fin de l'office, nous nous engouffrons pour prendre la photo de Saint-Jacques exposé sur un support (j'ai tant vanté cette statue), et la Cruceiro de Melide, la plus ancienne croix de Galice. Devant, le Christ aux mains et jambes blessées recouvertes de tissu.

C'est maintenant le moment de Joao. Il doit revoir une jeune amie rencontrée sur le Chemin qui lui a annoncé son arrivée à Melide par SMS. Il veut lui faire la surprise. La rencontre est pleine d'émotions que nous partageons tous. L'honneur m'est donné de prendre en rafale de nombreuses photos, que je leur remets.

Il est temps de pousser la porte de l'incontournable Pulpería Ezequiel, la plus réputée. À l'entrée, trois énormes marmites d'eau épicée bouillonnent, servant à la cuisson du poulpe à la vue de tous. Un des charmes du restaurant. Découpés devant le client, les morceaux tendres et assaisonnés d'huile d'olive et de piment sont servis sur une assiette en bois, le tout accompagné d'un vin rouge galicien épais. Nous dégustons la *pulpo a la gallega,* en galicien : *polbo a feira.*

Il est temps de repartir pour les cinquante derniers kilomètres.

C'est souvent à partir de là que débute le *blues du cheminant,* pour ceux qui ont marché depuis longtemps (un ou deux mois, voire plus) vers sa liberté intérieure. Nous prenons conscience que notre périple prendra fin dans deux jours, un peu plus si l'on pousse jusqu'à Fisterra. Il va falloir se réinsérer dans la vie quotidienne, celle d'avant. Entretemps, nous avons changé, pris de la distance, ne percevant plus les événements de la même manière.

Le parcours quitte Melide par une montée légère. Nous arrivons devant la très belle église romane Santa María datant du 13ᵉ siècle. Nous y entrons pour admirer de magnifiques fresques du 16ᵉ siècle, et sa Pietà de toute beauté.

La traversée d'un bois coupe notre Team en deux. Je me retrouve seul avec Jean-Charles. Cela se comprend. Celui de Joao est composé des plus jeunes. Il leur reste du peps.

À Boente, Jean-Charles et moi dormons à l'albergue Os, un gîte isolé du parcours. Autant le précédent était plein, ici, ce n'est pas la foule. Mariano, notre hospitalier, nous installe. Ce n'est pas le luxe, un peu limite même, mais cela ne nous dérange pas. Nous y mangeons et découvrons sous l'homme à la longue barbe, un grand conteur nous narrant ses nombreux voyages comme opérateur son et photo pour la télévision. Tout heureux de l'intérêt que nous lui portons, il nous fait visiter son musée abritant de nombreuses pièces rares et anciennes sur la photographie et le son. La soirée se prolonge tard autour d'un fort alcool du cru.

97 : Arzua, À Boavista, Santa Irene, O Pedrouzo : 27 km (2 094 km)

Nous quittons tôt l'albergue ne proposant pas de petit-déjeuner. Le temps est pluvieux et frais.

« On a deux vies, et la deuxième commence quand on se rend compte qu'on n'en a qu'une. (Confucius)

164

Direction À Castaneda atteint rapidement. La localité a perdu son importance médiévale. Elle était réputée pour ses fours à chaux travaillant sans relâche à l'édification de la cathédrale de Santiago, à une quarantaine de kilomètres. Dans son ouvrage, Aymery Picaud[19] suggérait au pèlerin d'apporter une pierre de la carrière pour la donner au chantier. Étonnant ! Chacun apportait son « obole » à cet édifice.

Le tracé monte et descend à travers des arbres et des prairies où paissent des bovins. En contrebas, coule une rivière franchie par un pont construit il y a bien longtemps. À Ribadiso da Baixo, des marcheurs font trempette dans la rivière.

Après une montée de 3 km, nous arrivons à Arzua (Villanova dans le *Guide du Pèlerin*), véritable cité-dortoir moderne abritant de nombreuses albergues. Nous la quittons en faisant halte à la petite fontaine à la sortie de la cité. Il y a trois ans, un monsieur âgé et fatigué était arrivé dans une vieille voiture pour y puiser l'eau. Est-elle plus ou moins miraculeuse ? C'est ce que j'ai compris. De toute façon, nous en buvons. Très désaltérante, rien n'indique qu'elle n'est pas buvable.

Direction As Calzada par une piste poussiéreuse serpentant en sousbois avec parfois, un dénivelé un peu raide. Avant Boavista, nous croisons un troupeau de vaches. Ce n'est pas rare.

Lors de mon premier Camino, j'ai dormi chez un habitant proposant un abri en donativo. Souvenir mitigé, sa maison donnait sur le bord de la route. Au cours de ce périple, et du suivant, j'avais mangé à la *Casa Verde* toute proche. Ce lieu possède une décoration originale puisque le plafond et les murs verts étaient recouverts de commentaires et de signatures de pèlerins. J'ai moi-même apposé la mienne.

Il est inchangé, mais ce sont maintenant des tee-shirts dédicacés par les marcheurs qui pendouillent du plafond.

En me voyant, sous les yeux ébahis de Jean-Charles et d'autres marcheurs, la tenancière me prend familièrement dans ses bras en me faisant un gros bisou. Elle me reconnaît en me demandant où est passée ma barbe. Ce geste provoqua les sous-entendus (forcément) de mes compagnons en l'apprenant. Elle nous offrit un alcool fort en souvenir du bon vieux temps. Le peu de temps passé en terrasse, nous avons vu passer l'armée de fourmis...

---

19 Moine poitevin, considéré comme l'auteur du *Guide du Pèlerin,* premier ouvrage écrit au 12e siècle, consacré au pèlerinage de Saint-Jacques-de-Compostelle.

Nous repartons. Après la montée vers l'alto Santa Irene, direction d'O Pedrouzo. C'est souvent le dernier arrêt avant d'atteindre Santiago. En chemin, nous retrouvons Joao, Damien et le groupe de jeunes qui se restaurent. Nous faisons de même. Parmi eux, un jeune Bordelais me rappelle une personne alors que je faisais de la course à pied à Bordeaux, dans les années 70' (du siècle dernier). En discutant avec lui, il me dit ressembler à son père, marathonien. Mystère ? Chacun repart de son côté.

À Pedrouzo, nous trouvons une place dans un refuge neuf, propre et confortable. Le soir, dîner dans un restaurant galicien.

98 : Lavacolla, Monte del Gozo, Santiago, 20 km (2 114 km)

« Le voyage est un retour vers l'essentiel. » (Poème tibétain)

Nous quittons très tôt le gîte pour cette ultime étape d'une vingtaine de kilomètres. L'idéal serait d'arriver pour la messe des pèlerins de midi. Après la petite attente d'amis rencontrés hier soir, nous prenons la route en espérant trouver un bar ouvert pour y boire notre café matinal. Nous le trouvons à la sortie. Une affiche crie cette vérité, nous rappelant que le *Camino* n'est pas avoir les yeux plantés sur son smartphone ou sa tablette. *« No Tenemos Wi-Fi (hablar entre vosotros) »* - *« Pas de connexion Wi-Fi (parler entre vous) »*.

Nous continuons sur un chemin vallonné, tout en restant dans des proportions largement supportables. Cette première section nous amène doucement à *Santo Antón, O Amenal*. À partir d'ici, le tracé est pentu à travers le parc industriel construit à l'emplacement d'un ancien bois d'eucalyptus jusqu'à la Cima de Barreira.

C'est l'occasion d'échanger avec une dame danoise de 90 ans, partie depuis un bon mois de León. En pleine forme pour son âge, nous cheminons plusieurs kilomètres ensemble. Jean-Charles est parti en avant. Elle parle parfaitement notre langue, facilitant notre échange. Elle vient de perdre son ami qui cheminait avec elle. En sa mémoire, elle poursuit pour la dernière fois ce trajet. Très émouvant ce partage, entre deux personnes ne se connaissant pas une heure auparavant.

A la cime, ayant rejoint Jean-Charles, nous contournons l'aéroport de Lavacolla. Sur le grillage, des tee-shirts abandonnés par les marcheurs. Ce n'est pas le bon endroit, mes amis, mais à Fisterra, le bout de la Terre qu'il faut les laisser.

Hélas, peu nombreux seront ceux marchant les 100 km nécessaires pour se rendre à ce lieu mythique.

Plus loin, une borne sculptée représentant saint Jacques, annonce la fin proche du pèlerinage. Beaucoup immortalisent ce moment, à une dizaine de kilomètres de Santiago.

Lavacolla signifie « laver le cou ». Jadis, la cité portait le nom de Lavamentula, *mentula* désignant les parties basses du corps. La tradition veut s'y arrêter, comme le faisaient les pèlerins médiévaux, pour mettre en ordre nos affaires. Il faut se faire beau pour entrer dans la cité de « Monsieur saint Jacques ». Cette toilette se déroulait dans la rivière du même nom.

Le Chemin, c'est la rencontre de personnes hautes en couleur, comme ce chanteur-guitariste jouant des morceaux des années 70' pour récolter quelques piécettes. Les pressés passent sans s'arrêter, jetant juste un regard de peur ou de défiance. Ce n'est pas notre cas. Un peu fou, c'est dans ma nature, disent certains, je me mets à danser tout en portant mon sac, quitte à être ridicule.

« Ce n'est pas que la vie soit courte, c'est que le temps passe vite. » (Henri Jeanson) En fait, je me fiche complètement du *« qu'en dira-t-on ? »*. C'est souvent le fait de gens coincés, et comme on dit chez moi, de *« pisses-froids »*.

Petite pause avant d'arriver à Monte do Gozo. L'endroit est fréquenté par une dizaine de chats abandonnés venant quérir un peu de nourriture. Nous les observons.

Les dominants n'hésitent pas à donner des coups de patte aux dominés attendant peureusement que les premiers aient terminé de manger. Une hiérarchie par trop humaine.

Au pied du Monte do Gozo, se trouvait l'ermitage Saint-Lazare. On y vénérait la dépouille d'un pèlerin franc mort à San Miguel de Pie de Puerto (Saint-Jean-Pied-de-Port), abandonné par ses camarades. Selon la légende, saint Jacques l'aurait miraculeusement transporté à cheval jusqu'ici.

Le *Monte Monxoi* ou *Monte do Gozo* (la colline de la joie) est connu depuis le Moyen Âge. Son nom proviendrait de *Montjoie*, le cri poussé par les pèlerins francophones distinguant de loin l'un des sanctuaires du Chemin comme Vézelay, le Puy...

Les pèlerins le gravissaient en courant. Celui qui parvenait le premier au sommet plantait une croix en faisant retentir le fameux cri joyeux de « Santiago » ; il était alors proclamé *« roi du pèlerinage »*. Ce serait l'origine de certains noms français tels que Leroi, Roy... sic !

Nombreux furent les pèlerins qui, du belvédère couronné de la chapelle Saint-Marc et de trois croix de bois, venaient découvrir cette cité. Aymeri Picaud l'appela *« la ville la plus heureuse et la meilleure de toutes les villes d'Espagne »*.

Depuis la visite de Jean-Paul II en 1989, pour les Journées mondiales de la jeunesse (JMJ), un monument grandiose surmonté d'une sculpture occupe l'endroit. Sa base dépeint la visite du pape, mais également le pèlerinage de Saint-François d'Assise au début du 13ᵉ siècle.

À l'occasion du *Xacobeo* 93 (1993) fut construite la plus vaste albergue de la Galice pour accueillir les pèlerins. Ce terme d'*Ano Santo Xacobeo* désigne, en galicien, l'année sainte jubilaire. Elle survient lorsque le 25 juillet (la fête de saint Jacques) tombe un dimanche. Ce phénomène se produit en moyenne quatre fois tous les 28 ans, avec une cadence régulière de 6-5-6-11 ans. Lors de mon passage, elle avait eu lieu en 2010, la suivante étant prévue en 2021. Du fait de la Covid, le pape François la décala en 2022, la suivante étant programmée en 2027 pour reprendre son cycle habituel.

Nous sommes à moins de 5 km de la cathédrale. Nous entamons la grande descente, puis la traversée de l'extension urbanisée de la cité jacquaire. On y trouve des cafés, hôtels, albergues, chapelles, églises, musée... Nous sommes pressés d'arriver, et ne traînons pas en route.

À La Puerta del Camino, j'ai oublié à passer voir le calvaire du saint homme datant du 14ᵉ siècle, historié selon les guides de 13 scènes sculptées dans la pierre. Une autre fois peut-être... En cheminant, on oublie souvent quelque chose.

Nous montons au milieu de la multitude, mélange de pèlerins, marcheurs et touristes en arrivant à la Praza da Inmaculada. Intérieurement, j'espère entendre l'homme à la cornemuse en passant sous le porche. Cela ne manque pas, il est là. Cette musique, à cet endroit, me déclenche toujours beaucoup d'émotions.

À la Praza do Obradoiro, la cathédrale est en travaux. Il y a beaucoup de monde. C'est un moment de joie, d'émotions, de partage. Je le ressens autrement pour ma troisième arrivée. C'est normal. Ce n'est pas le cas de nos compagnons dont c'est la première fois.

« *Le bonheur n'est pas une destination à atteindre. Mais, une façon de voyager.* » Margaret Lee Rumbeck.

Il est temps de récupérer notre *compostela* au bureau des pèlerins, la *Oficina del Peregrino* de la rua do Vilar (depuis, le lieu a changé). Ce document écrit en latin est remis au pèlerin à son arrivée par le Bureau des pèlerinages. Il atteste, au vu de la crédenciale portant les tampons recueillis au cours de route, que son porteur a effectué le pèlerinage pour venir se recueillir sur le tombeau de l'apôtre Jacques.

Il faut à minima avoir parcouru les 100 derniers kilomètres à pied (200 km pour les cyclistes).

Le Bureau ne se trouve plus à l'étage comme autrefois, mais dans une pièce du rez-de-chaussée donnant sur la cour où sont installés les préposés délivrant le précieux document. Il y a toujours autant de monde, trois quarts d'heure d'attente. On me donne ma compostela, mais aussi un certificat payant désormais (3 €) délivré à ceux ayant parcouru un long trajet. Ce qui est mon cas depuis Genève.

En ville, nous retrouvons nos amis de la French Team (Damien, Joao), mais aussi avec plaisir Hélène et André, les Bruxellois avec lesquels j'ai parcouru quelques étapes sur le Camino Norte avant d'entreprendre le Camino Primitivo.

Nous sommes une bonne dizaine à partager le repas au vieux café Casino de la rua do Vilar, fonctionnant depuis 1873. Ce lieu, je le connais bien, l'ayant fréquenté à plusieurs reprises. Merci, Hélène et André, pour votre humanité lors de ce repas, en réglant partiellement la note des jeunes désargentés. Ayant réservé une chambre chez l'habitant, j'y dors dans une chambre disponible cette nuit-là.

99 : À Santiago

Le lendemain matin, je n'échappe pas à la photo sous la pluie, sur l'esplanade de la cathédrale déserte. La journée se déroule paisiblement entre balades, visites... Bref, du temps touristique. Partant demain sur le *Caminho Português,* elle a moins d'importance. *« Mes pieds me démangent »*.

En fin d'après-midi, nouveau regroupement sur la Praza das Praterías, près de la fontaine sur le côté de la cathédrale. Tous, à l'exception de Damien, Joao et d'autres jeunes rencontrés partis vers Fistera. De nouveaux marcheurs se sont agrégés au groupe, ramenés par l'un ou l'autre. C'est cela le Chemin : des inconnus de diverses nationalités se tutoyant. C'est l'école de la tolérance.

L'un d'eux propose de passer cette dernière soirée ensemble, Jean-Charles rejoint son domicile, moi Lisbonne. Je propose l'*Hospedería San Martín Pinario.* J'y ai dormi il y a trois ans, au dernier étage, dans une petite chambre ressemblant à une cellule de moine (pour 20 €). Le restaurant a été ma « cantine » pour mes deux premiers parcours.

Le responsable est parti à la retraite. Cet homme très sympathique savait prendre grand soin des pèlerins. Son remplaçant est plus discret, la roue tourne. Nous prenons un repas peregrinos amélioré dans une ambiance sympathique pour une quinzaine d'euros.

En sortant sur la place de la cathédrale, la musique d'un groupe folklorique galicien tout de rouge vêtu nous attire. Ils jouent sous les arcades de l'Ayuntamiento de Santiago, l'équivalent de l'hôtel de ville. C'est vraiment chouette et entraînant, ils ne se contentent pas de jouer, ils jouent avec le public, avant la quête traditionnelle.

C'est l'heure de dormir, avec Jean-Charles, nous rejoignons notre lieu de séjour dans une albergue.

Sur le Caminho Português (Portugal, Espagne)

100 : De Santiago à Lisbonne

Ma pensée du jour vient du Cantique des Cantiques : *« Lève-toi et va vers toi-même. »*

Nous quittons l'albergue sans faire de bruit, les dormeurs asiatiques sont rentrés en fin de nuit. Nous prenons notre petit-déjeuner dans un bar. Quittant le Chemin, Jean-Charles m'offre son bâton de marche. Il symbolise son cheminement. J'avais oublié le mien à une fontaine avant Melide. Je suis ému de ce geste fort de l'amitié s'étant créée le long du Chemin, avec ses joies et ses peines. Je lui promets que contrairement au précédent, j'y porterai une grande attention. Je possède toujours ce dernier bâton de mon parcours annuel.

En flânant avant son départ, nous croisons Laurent laissé sur le Primitivo. Une grande joie. Tous les deux, nous accompagnons Jean-Charles (Juan-Carlos), à la gare, Bon retour chez toi, l'ami !

À mon tour, je prends le train pour Lisbonne via Porto. Les trains portugais sont étonnants, vieux, peinturlurés. Après plusieurs heures de voyage assis, un temps long pour le marcheur, j'arrive en début d'après-midi sous la canicule.

Ma première visite est pour la cathédrale, pensant y trouver la présence d'une association jacquaire. Que nenni ! Les personnes croisées sont très aimables. Plusieurs d'entre elles, apercevant ma coquille sur ma poitrine, viennent échanger. Les Portugais se montrent accueillants. J'acquiers une crédenciale locale au vendeur de cartes postales au prix modique de deux euros.

La cathédrale de Sé Patriarcal de Lisboa portait jadis les noms de Santa Maria Maior de Lisbonne et d'Igreja de Santa Maria Maior. Elle fut rebâtie sur l'emplacement de l'ancienne mosquée Aljama. Les vestiges archéologiques laissent penser qu'il y eut naguère un forum romain, puis une église wisigothe. De la cathédrale initiale modifiée à la suite de tremblements de terre, seules restent les tours romanes.

J'en profite pour visiter une autre église dont les murs sont recouverts de faïences, les *azulejos*. Ce terme viendrait de l'arabe *azzelij* signifiant *petite pierre polie*. Il désigne un ensemble de carreaux de faïence assemblés en panneau pour représenter des motifs géométriques ou des scènes figuratives.

Ces élégantes décorations sont devenues le symbole du Portugal. Dans cette église, elles mélangent le bleu et le blanc, racontant des décors de la vie.

Sans hébergement, je pars en recherche. À l'Office du tourisme, l'accueil est mitigé, mon sac à dos y est peut-être pour quelque chose. On me propose des hôtels hors de ma bourse ou des albergues situées loin du centre. Ils devraient être un peu plus cools avec les marcheurs.

Je me débrouille seul, achetant une connexion Wi-Fi (eh oui ! l'accès est payant) pour utiliser un ordinateur. Sur un site marchand, je trouve un logement à 14 € à quelques centaines de mètres de là. Gravissant une rue assez raide, je trouve l'albergue. Il est confortable, propre, de bonnes qualités. Je recommande le *Lisbon'hostel*.

Douche, un peu de repos... Je sors en ville avec mon petit sac de villes pour faire des achats de bouche et me restaurer. Je découvre un complexe regroupant de nombreux stands de restauration. Le *Mercado de Ribeira* est abrité sous une halle construite de verre et d'acier.

Rejoignant avec mon plateau une grande tablée (c'est le concept), je déguste un plat typiquement portugais pour moins de 10 €.

À peine installé, Claudio, le chef du stand me rejoint pour dîner. D'origine brésilienne, s'exprimant en français, nous échangeons sur la vie. À l'issue de mon repas, il m'offre une bière. Geste bien apprécié.

101 : De Lisbonne à Fátima

Fátima est un lieu réputé de la spiritualité mariale. Chaque année, cinq millions de pèlerins venus de 140 pays s'y rendent pour visiter et prier au sanctuaire portugais. J'ai choisi de m'y rendre en autobus, en évitant les six étapes de marche. D'abord, je suis fatigué, 2 100 km de marche, cela compte. Puis, ces 130 km ne sont pas réputés pour être enrichissants. Une autre fois, peut-être[20].

M'apprêtant à monter dans l'autobus, je m'aperçois avoir oublié mon bâton offert par Jean-Charles. Je cours littéralement pour le retrouver. Miracle (?), il est là, posé contre un mur. Ouf ! Je m'en voudrais de l'avoir égaré. J'arrive une minute avant le départ, me retrouvant coincé à l'arrière, entre la fenêtre et une brave dame forte. Bref, j'ai hâte d'arriver après plus d'une heure de transport.

Il est 11 h, le temps est caniculaire. L'immense esplanade du sanctuaire située entre l'ancienne basilique construite en 1928 et la nouvelle église ronde et blanche de la Très-Sainte-Trinité inaugurée en 2007 est étrangement vide. La basilique est en travaux. La statue en bronze de Jean-Paul II[21] (il est venu le 13 mai à trois reprises, en 1982, 1991 et 2000) fait face à celle de Paul VI.

Ma présence à Fátima n'est pas due au hasard, bien que... Je me suis engagé auprès d'Ana-Maria, une habitante de Dole (Jura). Âgée, pouvant à peine se déplacer, je l'ai rencontré lors d'activités bénévoles. Apprenant mon désir de cheminer sur le *Caminho Português*, elle m'a demandé de réaliser une promesse faite à son époux ayant rejoint les Étoiles : faire à genoux le tour de la chapelle des Apparitions.

Considérée en phase finale, ému par cette demande, je n'ai pas pu lui refuser.

---

[20] En 2020, avec mon fils Frédéric, nous les avons parcourus. Nous avons coécrit ce parcours dans notre livre **Père et fils sur le Caminho Português**, BoD, 2022.
[21] Jean-Paul II remit à l'évêque du lieu le projectile retrouvé dans la jeep après l'attentat, pour qu'il soit conservé dans le sanctuaire, *« en reconnaissance à la Vierge pour lui avoir sauvé la vie »*. Sur l'initiative de l'évêque, cette balle est enchâssée dans la couronne de la statue de la Vierge de Fatima.

Lors d'une visite suivante, elle émit le vœu que je l'accomplisse avec son jeune frère Aurelio, demeurant au Portugal. Avant mon départ, je suis allé l'embrasser. Elle m'a remis une enveloppe à brûler au sanctuaire, ainsi que les coordonnées de son frère qui parle français. Il y a deux jours, je l'ai contacté. Nous nous sommes donné rendez-vous vers 17 h devant la chapelle. Je lui ai envoyé ma photo par SMS, afin qu'il me reconnaisse au milieu de la foule.

En l'attendant, je cherche où dormir et déposer mon sac à dos. À l'accueil du sanctuaire, l'agent me donne l'adresse du refuge des pèlerins. Il se trouve à un quart d'heure du sanctuaire, rua São Vicente Paulo. Je suis accueilli par un gardien à l'*Acolhimento S. Bento Labre*, la maison S. Benoît Labre, abritant des dortoirs aux lits en fer.

C'est loin du luxe. Je m'en fiche. Je ne suis pas ici pour cela. Le gardien me propose le repas du soir. Après ma douche et un peu de repos, je visite le sanctuaire, en commençant par la basilique. Seules sont accessibles les tombes des trois enfants ayant aperçu la Vierge Marie en 1917. Les deux premières dalles placées côte à côte sont celles de Jacinta Marto et de sa cousine Lucia. L'isolée est celle de Francisco.

Ayant un peu de temps avant l'arrivée d'Aurelio, je fais un tour en ville. C'est plus petit que je le pensais.

Autour du sanctuaire, un peu à l'écart, de nombreuses petites échoppes. On y trouve des statues et objets de piété comme à Lourdes, Lisieux... ces hauts lieux de la spiritualité mariale. Je préfère acquérir médailles et chapelets pour Pauline, mon épouse et sa maman Clémence, dans la boutique officielle.

Devant la chapelle des Apparitions, des touristes et pèlerins se pressent autour de la statue de Notre-Dame de Fátima placée sur une colonne blanche. Elle fut érigée en 1919, sur le lieu des apparitions de Marie à cinq reprises en 1917, à trois pastoureaux, des enfants gardant les moutons. Cette année-là, Lucia de Santos (dix ans, devenue sœur Lucia, décédée en 2005) et ses cousins, Francisco (neuf ans) et Jacinta Marto (sept ans) reçurent trois secrets issus de visions.

Le premier, concernant la révélation de l'enfer, fut annoncé le 31 août 1941. Le deuxième, touchant la dévotion réparatrice au Cœur Immaculé de Marie et la conversion de la Russie, fut dévoilé le 8 décembre 1941. Quant au troisième, abordant les persécutions de l'Église au 20ᵉ siècle et la fécondité spirituelle des martyrs, il fut divulgué le 13 mai 2000. Le centenaire des apparitions fut fêté en 2017.

Mon attention est attirée par des pèlerins arrivant à genoux à la chapelle. Ils suivent le chemin brillant à force d'avoir été frotté au fil du temps par les pèlerins. Je regarde une vieille dame habillée de noir qui avance lentement en marmonnant des prières. Spectacle émouvant qui me fait penser à Ana-Maria. Selon les historiens, cette tradition s'est développée vers 1960, lors des guerres de décolonisation. De nombreuses femmes venaient pour prier, afin que les hommes et les enfants partis à la guerre reviennent vivants.

À Fátima, mon engagement

« L'action est le début de l'engagement. »
Autour de la chapelle des Apparitions, quelques personnes tournent à genoux. En bon touriste, je prends des photos pour en conserver le souvenir. Puis, je vais repérer les feux où brûlent les cierges achetés par les croyants. Tout à l'heure, avec Aurelio, nous brûlerons l'enveloppe remise par Ana-Maria. Je pense à cette formule exprimée par nos amis lorsque nous perdons l'un des nôtres *:* « *C'est dans le cœur des vivants que réside le tombeau des disparus* ».

De retour devant la chapelle, Aurelio, accompagné de son épouse m'abordent. Plus âgé que moi, nous nous embrassons comme si nous nous connaissons déjà. Ils me demandent des nouvelles de ma santé, si je ne suis pas trop fatigué par mon voyage entamé depuis plus de trois mois. Ils aimeraient marcher jusqu'à Compostelle. En souriant, je leur propose de m'accompagner. La réponse est classique : *« On est trop occupés ! »*.

Je suis prêt à accomplir l'engagement pris auprès de sa sœur. Ils me montrent les coussinets que je placerais aux genoux, ceux utilisés à plusieurs reprises par son épouse. Ils semblent confortables.

Nous nous rendons à l'arrière de la chapelle. Le vigile nous en refuse l'entrée, ne pouvant montrer notre autorisation. Un religieux en civil intervient. En portugais, Aurelio lui confie la raison de ma présence et le fait que je marche depuis plusieurs mois pour venir ici. Il est touché. S'adressant à moi en français, il me demande si je suis là pour réaliser un acte de foi. Je lui réponds que pérégriner en est un, renforcé par la promesse faite à une dame âgée. Cette réponse le satisfait. Il nous autorise à entrer, après avoir retiré nos chaussures.

Me voilà pénétrant derrière la chapelle pour réaliser mes trois tours, trois, un nombre symbolique. L'épouse d'Aurelio reste à l'extérieur, tenant nos chaussures et mon petit sac que j'utilise hors du Chemin.

Aurelio place les coussinets autour des genoux, les maintenant avec une cordelette. Alors que je me mets à genoux, Aurelio resté debout me prend la main gauche. J'utilise parfois ma main droite pour m'appuyer sur le sol. Nous entamons ce parcours hors norme. Au départ, le trajet m'apparaît facile. Mais, peu à peu, les contractures font leur apparition, m'obligeant à faire des pauses. Je suis aussi gêné par la présence des touristes prenant des photos. En fait, ce que je faisais moi-même, peu de temps auparavant. Comme quoi... je regrette de l'avoir fait. Peu à peu, mon esprit se détache de ce qui se déroule autour de moi. La main fraternelle pressante d'Aurelio y est certainement pour quelque chose. Je suis en sécurité.

À la fin du premier tour (pas loin de cent mètres), il serait raisonnable de m'arrêter. Après tout, j'ai rempli mon devoir. Mais, je me reprends. Je confirme à Aurelio ma volonté de continuer, après une pause. Voulant me relever, il me le déconseille, insistant sur le fait qu'il sera plus difficile de continuer. Les deux tours suivants sont ardus. J'ai ralenti, effectuant quelques arrêts. Des douleurs musculaires sont apparues, dues à l'étrangeté des mouvements. Concentré, je reste dans ma bulle. Le temps passe ainsi, finalement assez vite.

Après ce cheminement particulier, j'ai du mal à me relever, aidé par Aurelio. Mes genoux, les muscles des jambes, des chevilles et des pieds sont douloureux. M'appuyant sur le muret, j'ai l'impression que tout se dérobe sous moi, que je devrais m'asseoir. Marchant lentement, soutenu par mon ami, tout revient peu à peu à la normalité. Je suis heureux, je l'ai fait... J'ai pensé à tous ceux qui le pratiquent sur une distance beaucoup plus longue. Quel courage ! Je ne les verrai plus de la même manière.

L'idée me traverse que j'ai peut-être fait une folie pour la suite du caminho. Elle s'envole rapidement, remplacée par un grand calme intérieur. Plus tard, en pensant à Ana-Maria, peut-être que lorsqu'elle partira pour les étoiles, il lui en sera tenu compte. C'est bien.

Il est temps de brûler l'enveloppe. Je ne sais pas ce qu'elle contient, d'ailleurs, quelle importance ! Nous nous dirigeons vers le grand four où je la jette aux flammes. Rapidement, elle s'enflamme, devenant cendres. Tout est désormais accompli.

Habitués à fréquenter Fátima, Aurelio et son épouse rentrent à Lisbonne le soir même. Nous buvons le verre de l'amitié, et nous nous quittons avec émotion. Me remerciant pour mon acte, ils informeront Ana-Maria de ma mission.

Il est 19 h, je reviens lentement au gîte pour prendre le repas amené par le gardien au réfectoire. Seul, je mange rapidement. Sur une petite table de bois, j'écris tout ce qui me passe par la tête sur ce qui vient de se dérouler. Plusieurs pages.

Il est 21 h. Même si je suis cassé physiquement, je retourne au sanctuaire pour vivre les récitations du Rosaire émises en plusieurs langues. Après les chants, la procession aux flambeaux se forme derrière la grande croix éclairée devant la basilique. Peu à peu, la foule forme un grand cercle de plusieurs centaines de mètres de long. J'ai la sensation de me retrouver à Lourdes, en plus important. Les chants reprennent, nous marchons côte à côte, certains portent des lanternes de papier abritant une bougie allumée en scandant le nom de la Vierge.

Plus déiste que théiste (engagé dans une religion), j'ai la conviction d'une présence supérieure à l'homme, comme s'il existait un *Grand Architecte*, ou comme dit Voltaire, un *Grand Horloger*.

Fatigué, je quitte la procession en cours pour retourner au gîte. Rapidement, je m'endors. Dure journée, mais je suis serein.

<u>Complément</u> : À mon retour, j'ai revu Ana-Maria, âgé de plus de 90 ans. Elle avait la larme à l'œil. Pour elle, je suis devenu son petit frère, alors que j'ai perdu le mien tragiquement... Déclarée en fin de vie avant mon départ, elle décéda un an plus tard. Le cycle de la vie...

101 : Gondemaria, Caxarias, 20 km (2 134 km)

Il est temps de repartir, après toutes ces émotions. En me levant, je suis cassé, vidé. J'ai mal aux genoux, une douleur lancinante qui vous dit : « *Eh ! Je suis là !* » Je dois marcher mollo sur la *Via Lusitana*. Aujourd'hui, je ne forcerai pas.

À la sortie de Fátima endormie, je prends mon petit-déjeuner dans un bar venant d'ouvrir. Hélas, pas de tortilla, je me contente d'un paquet de gâteaux et d'un grand café. C'est mieux que rien.

Sous un ciel chargé, le début sur la route asphaltée descend vers Fontainhas de Serra. La beauté des paysages m'inspire, je me mets à chantonner. Tiens ! C'est si rare. Les émotions d'hier me rendent peut-être plus léger ? Je pense à Ana-Maria. Peut-être a-t-elle ressenti mon geste ? Je pense à l'*effet papillon* exprimé lors d'une conférence scientifique en 1972.

« *Le battement d'ailes d'un papillon au Brésil peut-il provoquer une tornade au Texas ?* » J'aime croire que nos actes influent sur le comportement et les attitudes des autres.

Pris dans mes pensées, j'avance tranquillement, traversant plusieurs hameaux et cités : Gondemaria, Soutaria, Carcavelos...

À la sortie de Caxarias, je gravis la côte passant devant la caserne des pompiers. J'assiste à la montée des couleurs. Si je n'ai pas de solution, peut-être pourrais-je demander à être hébergé par les *bombeiros* (pompiers) ? Un accueil généreux et traditionnel des hommes du feu au Portugal.

En haut de la montée, un chat noir vient d'être renversé par une voiture ne s'étant pas arrêtée. Je ne peux le laisser ainsi. Je m'en saisis et le porte sur le trottoir, côté forêt. Encore vivant, il me regarde fixement. Je suis gêné, mais je ne peux rien pour lui. Un peu honteux, je m'éloigne en le laissant. Apercevant une boulangerie, je mange un casse-croûte accompagné d'un coca. Après un peu de repos, je repars.

Cet arrêt est propice à la réapparition des douleurs aux genoux et aux mollets. Je me dis qu'il n'est pas raisonnable de continuer, le prochain accueil se trouve à 10 km. Revenant sur mes pas, le pauvre chat a rejoint le *ciel des chats*. C'est mieux ainsi, il ne souffre plus.

Mon guide m'indique la présence d'une Residencial au restaurant Monalvo, près de la gare. J'y vais. C'est tristounet et vieillot. Pour 30 € la demi-pension, je m'en contente.

Le temps est frais. Je travaille durant plusieurs heures à la rédaction d'un ouvrage en cours sur mon ordinateur, et au récit quotidien des événements du jour. Si le logement est très moyen, le repas du soir est généreux. Merci. Faisant mon petit tour du soir, je passe au centre du village pour boire une bière avant de dormir. Je suis étonné de la présence de nombreux enfants courant dans tous les sens, alors qu'il est 21 h. Autre pays, autre mode d'éducation. Simple constat.

102 : Rio de Couros, Almoster, Ansião, 28 km (2 162 km)

Ce matin, le temps est chargé. Le bar est fermé, j'attends patiemment mon petit-déjeuner. Le dimanche est important pour nos amis portugais, très croyants. J'ai bien fait. Ce qui m'est servi est copieux.

J'ai mal aux genoux, mais c'est moins douloureux qu'hier. Comment font ces croyants parcourant de longues distances à genoux ? Quel courage ou quelle folie, selon !

« Bonne est l'action qui n'amène aucun regret et dont le fruit est accueilli avec joie et sérénité. » (Bouddha)

Je reprends la route laissée hier, repassant devant la caserne où règne un grand calme. Le chat est déjà raide, attaqué par les insectes. J'entreprends un long parcours passant par de beaux paysages. Bientôt, je m'égare, loin de tout. Le marquage est défaillant. Par chance, un habitant en voiture s'arrête. En français, il me remet sur le droit chemin, m'indiquant même où je peux faire des achats, à Almoster.

J'apprécie à sa juste valeur la bienveillance de nos amis portugais.

La suite de la journée se révèle riche en ce domaine.

Je fais halte à un supermarché à l'ancienne avec des étals de bois faisant aussi office de bar. Il y a du monde. Je fais quelques provisions de bouche, puis au bar, je réponds à la bonne curiosité de marcheurs sur mon cheminement, Fátima... Un vrai plaisir dans ces échanges. Le patron m'offre même un coca à emporter. En fait, sans le savoir, j'ai suivi la via Carmelita, et non le Caminho.

Pour rejoindre celui-ci, je dois longer la grande route vers Ansião. Effectuant le détour vers le village d'Almoster, il s'y déroule la fête paroissiale. La musique est diffusée dans la rue. Interpellé, je suis invité à manger un morceau de poulet grillé et un verre de vin. Il y a peu de monde, tout se passe dans la joie et la bonne humeur. Le curé vient me serrer la main, me souhaitant un bon pèlerinage. Après avoir versé mon obole dans une boîte de fer, je reprends la route pour les huit derniers kilomètres du jour. Je suis fourbu, lessivé.

Ansião est une cité de 13 000 habitants, située sur la Nabão. Selon la légende, la reine Isabelle se serait baignée dans un réservoir situé sous l'une des arches du pont de Cal en pierre, le rendant miraculeux.

La cité ne possédant pas de gîte, les bombeiros de recevant pas, un jeune couple m'accompagne jusqu'à la Residencial Solar da Rainha, située à la sortie de la ville. L'hôtelier ne peut m'accueillir. L'hôtel et le restaurant sont réservés pour une réunion familiale. C'est alors qu'un homme imposant par la taille s'approche de moi. Comprenant ma situation, il donne son accord pour que je puisse rester ici, et m'invite à partager leur joie. Venant de France, ils sont revenus au pays pour partager le baptême d'un de leurs enfants.

Après ma douche, je les rejoins pour partager leur festin. J'ai droit à du cerf... C'est étrange de manger un repas si copieux pour un pèlerin.

182

Nous échangeons sur Fátima, mon cheminement sur tous ses aspects : physique, spirituel... Ces moments se terminent autour d'un gros gâteau, arrosé d'un champagne (?) et de digestifs. Un vrai moment de convivialité pour le cheminant.

Après cette journée harassante se terminant dans la joie, je n'ai pas le courage d'écrire. Les bras de Morphée m'accueillent rapidement.

103 : Rabaçal, Conimbriga, Condeixa, 31 km (2 193 km)

Bonne nuit dans un lit moelleux à souhait. J'aurai bien fait la grasse matinée, mais le Chemin m'appelle. Après la douche, je descends prendre mon petit-déjeuner. Tout est calme, personne n'est présent. J'attends un bon quart d'heure l'arrivée de quelqu'un. Pour nous, le temps est relatif. J'ai le temps d'admirer deux fresques murales peintes sur de la faïence émaillée. Le petit-déjeuner servi est copieux. Au moment de régler mon séjour, l'hôtelier m'apprend qu'il a été réglé par mes hôtes. Belle surprise ! Je n'ai pas, hélas, leurs coordonnées pour les remercier. Je le fais ici.

Après quelques kilomètres sur l'asphalte, je marche sur un sentier forestier de sable jaune, véritable saute-mouton, tel un toboggan.

Je traverse des villages ou hameaux : Netos, Freixo, Alvorgue. Au départ, mes genoux sont douloureux. L'échauffement de la marche me fait du bien. Puis, c'est Rabaçal et Zambujal.

Fonte Coberta fut un lieu marquant de la Guerre de la Péninsule (1804-1811) opposant les troupes napoléoniennes aux troupes anglo-espagnoles, et de l'invasion du Portugal en 1810/1811 les opposant aux Anglo-Portugais. Commandés par le maréchal Masséna, les Français durent se retirer. Cet échec serait dû à la méconnaissance du terrain et à la politique de la terre brûlée mise en place par les troupes locales.

Masséna aurait occupé un temps, une maison du village.

« À une injuste guerre, préférons une injuste paix ! » (Samuel Butler)

Ces lieux sont situés sur le Chemin commun de Fátima (d'où je viens) vers Compostelle (où je vais). C'est le sens des nombreux azulejos découverts sur le parcours. L'un d'eux nous rappelle en *français* la légende de Maître Jacques.

« Dans la légende péninsulaire, Santiago (aussi appelé Saint-Jacques-de-Compostelle), apôtre de Jésus-Christ, a débarqué au sud de l'Ibérie et a suivi jusqu'à la Galice, traversant des terres de l'actuelle commune de Zambujal. Il est retourné à Jérusalem, où il a été tué par le représentant du colonialisme romain, Hérode Agrippa II, en 44 apr. J.-C. Selon cette légende, son corps est retourné à la Galice en bateau, guidé par un ange et ses disciples Atanoisio et Teodoro, finissant par être déposé dans la cathédrale de Saint-Jacques-de-Compostelle. La Commune de Zambujal souhaite un bon chemin jusqu'à Santiago. »

Après l'arrêt à la fontaine, je reprends ma route. Après une belle montée, je redescends vers une rivière asséchée devenue un sentier en contrebas. Ce parcours agréable serpente entre des lopins de terre et des jardins privés.

Je ne suis pas loin de Condeixa a Nova. Avant de m'y rendre, je visite les ruines romaines les plus importantes du Portugal, à Conimbriga. Me présentant devant la grille, l'agente m'invite gracieusement à entrer. Beau geste : je suis, un peu, un visiteur privilégié. Je dépose mon sac à dos à l'accueil. Allégé, je visite ce site grandiose.

Les ruines romaines de Conímbriga

Pensée de René Daumal : « *La vie est faite de naissances secrètes.* »

Située sur un éperon triangulaire encadré par deux vallées encaissées et ravinées, Conímbriga fut créée par les Celtes. En langue celte, Briga désigne une zone fortifiée. Occupée par les troupes romaines de Decimus Junius Brutus Callaicus en 139 av. J.-C., elle est située sur l'antique voie reliant Lisbonne à Braga. Devenue la capitale de la province de Lusitanie, son peuple local participa à son développement.

Au siècle suivant, sous Auguste, la cité s'agrandit avec la construction du forum, de l'amphithéâtre et des thermes. L'architecture domestique s'écrivit au début du 3ᵉ siècle avec la construction d'une *insulae* (immeuble collectif), et de somptueux *domus* (habitations urbaines familiales). Ces ruines gardent dans la pierre les souvenirs de cette splendeur d'antan.

Plus tard, les Wisigoths bâtirent une basilique à trois nefs. Cette présence, et les deux tombeaux aux squelettes visibles sous une plaque de verre attestent la présence du christianisme. Sous les attaques des Suèves, la ville est ravagée. La population se réfugia dans l'antique Aeminium, l'actuelle Coimbra où je me dirige demain. Abandonnée, la cité est oubliée. Elle est redécouverte vers 1930, presque intacte. Le très bon état des ruines permit aux archéologues de faire de nombreuses fouilles et études, toujours en cours. Ce site de 13 hectares est classé Monument national.

J'ai apprécié la beauté des mosaïques restaurées, occupant une surface de 1 500 m², comptant parmi les plus belles de la péninsule Ibérique. Elles témoignent du raffinement de cette civilisation.

On y trouve abondamment, le motif du *swastika*, nom sanscrit signifiant « *Bien, il est* ». Un motif détourné de son sens profond par les nazis sous forme de croix gammée. Pour les Romains, il s'agissait d'un symbole solaire porte-bonheur. Dans d'autres philosophies ou religions (hindouisme, jaïnisme, bouddhisme), son sens est bénéfique.

La demeure du patricien Cantaber, la maison des Jeux d'eau dont on perçoit le faste et l'harmonie, reste encore de nos jours l'une des plus grandes demeures du monde occidental romain.

Après deux bonnes heures, je repars pour rejoindre mon gîte du soir à la Residencial Ruinas de Condeixa a Nova. Si la chambre est très moyenne, le prix est attractif, la nourriture particulièrement riche et fournie. Je n'ai même pas pu finir le contenu de mon assiette.

104 : Cernache, Palheira, Coimbra, 19 km (2 212 km)

Je suis réveillé par les va-et-vient. J'apprends par mon hôtesse qu'il s'agit d'ouvriers y logeant. *« Il n'y a pas assez de pèlerins »*, me dit-elle dans un français hésitant.

Je prends la route vallonnée pour Coimbra, à 19 km. Je suis en bonne forme, les douleurs aux genoux disparaissent après le premier kilomètre, parcouru lentement. Je presse le pas.

Après plusieurs villages (Orelhudo, Ribeira de Casconha), j'atteins Cernache après mon passage sur une voie rapide. Je me rapproche de la civilisation. Nouvelle montée un peu raide, suivie d'une descente et d'une autre remontée. À Palheira, je m'égare, le marquage est contradictoire. La présence de nombreux chantiers ne facilite pas le parcours du pauvre pèlerin.

Avant d'entamer la descente pentue vers Coimbra (Coïmbre) surnommée l'*Athènes lusitanienne*, la vue sur la ville et le Rio Mondego est superbe. Hélas, la lumière rouge de mon appareil photo numérique disparaît bientôt. Pas de doute, la batterie est vide, j'ai tout simplement oublié de la recharger. Les aléas du Chemin...

Avant de visiter la ville, je gravis la rue pavée pentue menant à l'albergue ouverte en 2014 au couvent de Santa Clara a Nova (Sainte-Claire la Neuve). Elle est populairement appelée *mosterio Rainha Santa Isabel* (monastère de la reine Isabelle). Au 17e siècle, il remplaça celui médiéval de Santa Clara a Velha, victime des inondations à répétition du Mondego. De l'autre côté du fleuve, la colline de l'Université.

Le monastère abrite le catafalque de la reine Isabelle d'Aragon, patronne de Coimbra, réalisé en 1330 dans un bloc de calcaire par Maître Pero. La reine mena une vie humble, son mari blâmant ses actes de charité. La légende veut « *que le pain que la reine s'apprêtait à distribuer se transforma en roses lorsque son mari la réprimanda !* » Elle aurait effectué plusieurs fois le pèlerinage de Compostelle.

L'accueil pèlerin touche au musée, une chaîne les sépare. Me présentant avant l'heure d'ouverture, une agente m'accompagne au gîte. C'est sympathique, je n'ai pas à attendre l'heure fatidique de 14 h.

Après ma douche et un peu de repos, je descends en ville en passant devant le parc d'attractions, *Portugal dos Pequenitos*, le Portugal des Petits, créé en 1940. Il fut conçu pour faire voyager petits et grands à la découverte des Monuments nationaux en miniature et le passé glorieux du pays.

Coimbra, l'ancienne Aeminium

Située à un passage stratégique, à mi-chemin du nord et du sud du pays, sur une colline escarpée, la cité s'est bâtie sur des vestiges préhistoriques remplacés par un oppidum celte. La conquête romaine lui donna du corps en fondant Aeminium, une cité alimentée au 5e siècle par l'arrivée massive de la population de Conímbriga, ruines visitées hier. Coimbra est d'ailleurs une contraction de Conímbriga.

Elle fut occupée par les musulmans pendant trois siècles, avant d'être reconquise en 1064. À cette époque arriva le fils cadet du duc de Bourgogne, petit-neveu de l'abbé Hugues de Cluny. Devenu roi, il créa la première dynastie. Coimbra devint la capitale du pays, remplacée en 1255 par Lisbonne.

Ma première visite, après la montée de la colline, est pour l'université, joyau de la cité. C'est l'une des plus anciennes d'Europe. Fondée à Lisbonne par le roi Denis en 1290, elle fut transférée à Coimbra en 1537 dans les bâtiments du Palais Royal médiéval. Elle s'étendit peu à peu jusqu'à nos jours. En 1765, elle comptait près de 8 000 étudiants, soit la moitié de la population de la ville. De nos jours, les 20 000 étudiants sont noyés dans la population locale (143 000 habitants). Je fais l'impasse sur l'université : longue attente, prix d'accès prohibitif, obligation d'être intégré dans un groupe. Trop pour moi.

Je me dirige vers la *Sé-Neuve*. Conçue par un père jésuite, elle fut érigée à la fin du 16e siècle. Sa première destination était de servir d'église au Collège de Jésus. En 1759, les Jésuites sont expulsés et leurs biens transférés à l'Université et au Chapitre. Elle devint cathédrale en 1772. J'aurais voulu la visiter, mais l'entrée est payante. Comme je ne suis pas fana des ors, ce n'est pas bien grave.

Je me rabats sur la *Sé Vieille*, l'ancienne cathédrale en espérant que son accès soit libre. Je ne suis pas déçu. Il s'agit d'une authentique église romane comme je les aime. Conçue et bâtie à la fin du 12e siècle par deux architectes français, elle est surmontée de créneaux. Sa construction rappelle celle d'un château. Normal, Coimbra était à la frontière des pays islamisés. Je m'y suis senti bien dans sa quiétude, dehors, il fait chaud. J'ai moins apprécié son retable flamand du 15e siècle, trop orné d'or. La simplicité, mes amis, la simplicité... Je n'ai pas pu visiter le beau cloître. Devenue exiguë et peu adaptée aux grandes célébrations liturgiques, son chapitre cathédral fut transféré à la Sé-Neuve, plus imposante. Dommage !

Continuant ma pérégrination dans la cité, j'arrive à l'église du monastère de Santa Cruz réputé pour ces azulejos, ces décors en faïences bleues. Le monastère fut fondé en 1131 par les chanoines de l'ordre de Saint-Augustin. Bien avant la fameuse université de Coimbra, il accueillait des étudiants célèbres, à l'image de saint Antoine. Son église fut conçue sur la base des églises des communautés monastiques rencontrées par le promoteur revenant de Terre Sainte.

Le premier roi du Portugal et son héritier Sancho 1er y sont enterrés dans deux élégants sarcophages funéraires, à l'intérieur du chœur de l'église, devenu panthéon national.

L'église abbatiale subit au cours des siècles de nombreuses modifications, évoluant vers le gothique au 15e siècle. On y trouve aussi des traces de la Renaissance, du baroque (l'orgue)... Ce qui a surtout retenu mon attention est la présence de ces nombreux panneaux d'azulejos historiés, comme la guérison miraculeuse opérée sur la vraie Croix, après sa découverte par sainte Hélène.

De retour au gîte, je retrouve un couple d'Anglais, une Américaine, Joao, un jeune Portugais d'une vingtaine d'années. Parlant français, parti de Porto, il se rend à Fátima. Nous échangeons sur la religion, la musique, le pèlerinage de Fátima...

Se rendant vers 19 h en ville, il me propose de l'accompagner. Nous nous retrouvons dans un bar pour écouter de la musique, le *fado*, dont je découvre la richesse à cette occasion. Ce terme est dérivé du latin *fatum* signifiant destin. J'ai déjà entendu ce chant mélancolique accompagné à la guitare locale. Joao m'explique qu'à Coimbra, c'est toujours un homme qui chante. Son thème principal est de chanter l'amour inaccompli, la jalousie, la nostalgie des morts et du passé, la difficulté à vivre, le chagrin, l'exil...

C'était aussi une manière utilisée par les étudiants de l'Université pour se moquer des professeurs, trop sûrs de leurs savoirs. Je ne suis pas resté insensible à l'émotion perçue. Depuis 2011, le fado est inscrit au patrimoine immatériel de l'humanité. Une belle découverte. Merci, Joao.

Cette rencontre pleine d'humanité et d'échanges, d'enrichissement mutuel, restera un moment fort de mon séjour au Portugal.

105 :   Trouxemil,   Santa-Luzia,   Mealhada,   22 km (2 234 km)

Mon étape du jour est courte. Je n'ai pratiquement plus de douleurs aux genoux après l'épisode de Fátima. Joao et moi partageons notre petit-déjeuner, rejoint par l'Américaine d'une cinquantaine d'années qui rejoint Porto en bus. Fatiguée, elle craint de rater son avion à Santiago. Quant au couple d'Anglais, ils dorment.

Près du pont de Santa Clara, nous nous quittons par l'accolade traditionnelle entre pèlerins. Joao continue vers Condeixa, mon parcours de la veille. Je me dirige vers Mealhada en traversant le pont. Chacun retrouve la solitude bienfaisante du pèlerinage.

Le fléchage le long du Rio Mondego me porte vers la sortie de la ville, bruyante. J'ai la folle envie de retrouver le calme, de sérénité.

Sous le pont de la voie rapide, je m'égare, obligé de revenir en arrière pour trouver la petite marque me remettant sur le bon tracé. Les sorties de ville sont toujours difficiles. À moins que, je n'ai pas les yeux bien ouverts ? Le bruit s'estompe peu à peu, jusqu'à la petite route plantée d'arbustes.

Seul sous un soleil commençant à poindre, mon pas est rapide. Je parcours les six premiers kilomètres sans encombre jusqu'à Adémia, puis poursuis vers Trouxemil où trône une statue de maître Jacques. Je fais une halte au petit bar-épicerie. Après le café, je rejoins une forêt d'eucalyptus et de pins, puis des hameaux tels Adões et Sargento-Mor. Je m'y arrête, éprouvant le besoin de poser par des mots mes émotions du moment.

Ma famille me manque, j'ai hâte de retrouver ma Pauline chérie. À la suite de mon enfance bousculée, elle fut et reste mon port d'attache. Ah ! Si elle pouvait m'accompagner, nous partagerions ces moments en toute simplicité. Et puis, il y a mes trois garçons, mes petits-enfants... En y pensant, je pousse un grand cri quitte à passer pour un demeuré. Ce blues du Chemin prouve à quel point ceux que nous aimons comptent. Écrire ces ressentis sont là aussi pour me rappeler à quel point ils sont forts et durables.

Je repars, allégé d'avoir pu poser et rédiger ces mots. Je me retrouve en bordure de la grande route fréquentée menant à Porto. Je n'ai pas d'autre choix que de la longer durant plusieurs kilomètres jusqu'à Santa-Luzia. J'ai parcouru une douzaine de kilomètres.

À sa sortie, je retrouve le calme des sentiers de terre, d'une petite rivière, des forêts de bambous et d'eucalyptus avec leur senteur.

Après Apeadero de Mala et Lendiosa, j'arrive au terme de mon étape, Mealhada, une cité de 20 000 habitants. Je ne m'y attarde pas. Je rejoins le gîte de la Residencial Hilario où je peux dormir pour 12 €. J'en profite pour y déguster la spécialité de la région, à savoir le *leitão*, le cochon de lait de Bairrada cuit à la vapeur. En voici la préparation pour les gourmets :

« *Enfoncez le cochon sur une broche. Tartinez l'intérieur et l'extérieur d'un mélange composé de saindoux, d'ails pilés, sel et poivre, cumin, clou de girofle jusqu'à lui remplir tout l'intérieur.*

« *Coudre le cochon et le placer dans le four bien chaud en plaçant un récipient en dessous pour récupérer le gras. Toutes les trente minutes, le sortir du four, essuyer la peau avec un torchon pour enlever les excès de graisse, puis le remettre au four.*

« *À la fin de la cuisson (près de deux heures), essuyez le cochon pour qu'il attrape un coup de froid qui va rendre la peau croquante. Servir bien chaud, accompagné de pommes de terre frites.* »

Cheminant ou pèlerin, parcourir le Chemin est certes une introspection, mais c'est aussi la découverte des bienfaits proposés par la vie. Mon arrêt dans la forêt d'eucalyptus m'a fait du bien, physiquement et moralement. Je suis prêt à affronter le reste du périple.

106 : Anadia, Avelãs de Caminho, Agueda, 23 km (2 257 km)

Après le petit-déjeuner, je pars seul. Le temps est frais, avec un petit crachin. Sortant du gîte par une petite route asphaltée, je passe par Alpalhão, Aguim, avant de pénétrer dans une forêt d'eucalyptus et ses sentiers de terre rouge. Pas de montée, c'est plat.

Les cités s'enchaînent : Anadia et sa capela San José, Arcos, Avelãs de Caminho et sa chapelle du Seigneur des Affligés. J'y fais halte pour prendre un café. La tenancière, d'origine française, a suivi son mari il y a une trentaine d'années. Superbe rencontre, nous échangeons du pays autour d'un café payé 55 centimes d'euro. Elle m'en offre un second. On est loin des tarifs dijonnais.

À Aguada de Baixo, une étonnante chapelle dont la façade principale comporte trois panneaux représentant la Nossa Senhora da Conceição (N.-D. de la Conception) et Santo António.

Je continue à travers une nouvelle forêt d'eucalyptus avant Agueda, un ancien territoire romanisé, au bout de 23 km. L'auberge locale aurait accueilli la reine Isabelle d'Aragon en 1325. Après la visite rapide de l'église Sainte-Eulalie, je rejoins la Residencial Céleste/San Antonio située à la sortie de la ville. L'accueil est agréable, il m'est octroyé une chambre bruyante au rez-de-chaussée, près de l'accueil.

Mon dîner du soir est soft, des achats effectués au Lidl du coin. Pas génial, allégé et dégusté (je rigole !) sur le parking.

La nuit est moyenne. Rédigeant sur mon ordinateur, j'ai la malchance d'apercevoir des blattes se promener. J'en tue une bonne dizaine. Le bilan de la journée : beaucoup de solitude. C'est top.

107 : Albergaria-a-Nova, Pinheiro da Bemposta (Oliveira de Azemeis), 30 km (2 287 km)

Le petit-déjeuner est généreux. La posture de la serveuse sur la présence des blattes me laisse pantois. Je lui montre ces petites bêtes pour être sûr d'être bien compris. Elle reste fermée.

Je ne sais pas où m'arrêter ce soir, mon guide indiquant des haltes à Albergaria-a-Velha (16 km), à Oliveira de Azeméis, 22 km plus loin, soit 38 km. J'arrive à une limite, j'ai parcouru plus de 1,4 million de pas. Le parcours routier passe par Mourisca et Lamas do Vouga. Jadis, une voie romaine passait ici. Après une longue montée, j'arrive à Serém. Je poursuis sur une longue allée forestière menant à Albergaria-a-Velha (Albergaria-la-Vieille).

Il est trop tôt pour stopper, je continue. Quelques kilomètres plus loin, je constate avoir fait un mauvais choix. Est-ce le moral en baisse qui prend le dessus ?

Je traverse une nouvelle forêt pour rejoindre au bout de 7 km, la route nationale passant à Albergaria-a-Nova (Albergaria-la-Neuve). Il fait très chaud, ma marche ralentit. Je me désaltère en buvant deux cocas bien frais. Mon genou droit est douloureux, je manque de force, je traîne la patte. Dans ces moments difficiles, on se lâche. Des mots irrépétibles sortent de ma bouche. Heureusement, je suis seul. Il est clair que je déprime. C'est rare, mais violent.

Mon corps commence à dire « *Eh mec ! Il est temps de rentrer à la maison.* ». Il est vite suivi d'un : « *Courage, encore une dizaine de jours* ».

Savoir se concentrer sur l'essentiel, terminer ce que tu as commencé, voilà ce que je dois faire. Lutter contre tout ce qui peut t'amener à la négativité. (Alain Lequien)

Je dois bouger, pour trouver un endroit où dormir ce soir. Après tout, ce n'est pas ma première galère. Reprise lente de petites routes menant à Pinheiro da Bemposta.

Je n'en peux plus, fatigué surtout sous ce soleil qui ne lâche rien. À l'évidence, j'ai préjugé de mes forces. Tiens, un arrêt de bus ! J'attends l'arrivée éventuelle d'un véhicule pour rejoindre São João da Madeira, à 15 km de là. Aucun horaire affiché, je suis dans l'inconnu.

C'est alors qu'un taxi s'arrête. Pedro, parle français. Il s'est aperçu en passant dans l'autre sens, mes difficultés. Il propose de m'amener gracieusement à Oliveira de Azemeis. Chargé de véhiculer les passagers à la suite de la coupure de la ligne de chemin de fer, il passe de gare en gare. J'accepte sa proposition tombant à pic.

Qui dit que le hasard existe ? Je découvre des petits villages que je n'aurai jamais traversés. En arrivant à destination, sans point de chute, il me dépose chez une vieille dame louant à la demande une chambre pour 10 €. Elle donne sur la gare des bus. Il refuse que je lui règle la course, mais accepte de partager le verre de l'amitié. Quand je vous dis que nos amis portugais sont accueillants...

Le confort est limité. Après la douche, je me repose jusqu'au soir, me réveillant vers 20 h. Je vais manger un morceau dans une brasserie. Bien sûr, ce kilométrage véhiculé n'est pas comptabilisé.

Dure journée, peu de photos, je suis à la ramasse.

108 : São João da Madeira, Lourosa, Grijó, 28 km (2 315 km)

Trois heures de sommeil avant de dîner, plus de dix heures au cours de la nuit. J'en avais bien besoin. Je me lève vers 7 h 30, je suis reposé. Hier soir, j'ai bandé mon genou après un bon massage de Percutalgine. Moins douloureux qu'hier, la douleur est lancinante. Après 92 jours de marche, et près de 2 300 km, c'est presque normal.

J'ai la chance de ne pas être handicapé par les ampoules. Mon secret ? Utilisez un mois avant de partir, puis pendant la marche, de la crème NOK disponible en pharmacie (hélas pas en Espagne). Portez des chaussures avec une pointure supplémentaire afin de prendre en compte le gonflement des pieds, mettez des chaussettes de trekkeur.

Après la douche, je refais le bandage. Prenant mon petit-déjeuner dans la boulangerie voisine, je revois Pedro, mon sauveteur d'hier, prenant son café. Je l'invite à ma table, nous parlons un peu. Il me trouve meilleure mine qu'hier. Je veux bien le croire. Il se dit impressionné par les marcheurs se rendant à Fátima ou à Santiago. Ayant effectué son pèlerinage à Fátima, il l'a trouvé difficile. Nous nous quittons, il doit prendre son service.

En passant, je photographie une belle église sans la visiter. Vais-je tenir ? Cette question matinale me taraude.

« Le doute est un état mental désagréable, mais la certitude est ridicule », disait Voltaire. Il reste 300 km pour rejoindre Santiago.

Le 11 septembre, je dois prendre l'avion pour Genève. Une date tragique dans notre mémoire collective... Pensons à ces victimes de l'intolérance.

Les premiers kilomètres vers Santiago de Riba-Ul sont parcourus lentement. Je prends en photo un Saint-Jacques pèlerin dans une niche située à l'extérieur de l'église. À la sortie, une route pavée entre deux murs accueille mes pas.

Je passe à Vila de Cucujães, puis à São João da Madeira. La cité fut célèbre pour la fabrication de chapeaux. Elle abrite le musée de la Chapellerie. La sortie traverse une zone industrielle aux nombreux bâtiments délaissés. Il a dû y avoir de nombreux drames humains ici.

Direction Lourosa où je fais halte après la rue pavée romaine. Pendant une bonne heure, je m'abrite du soleil dans un bar, ayant parcouru 16 km. Mon genou ne me fait plus de misère, j'éprouve seulement une grande lassitude.

Je reprends la route à marche ralentie, avec des *stop-and-go*.

Les villages s'enchaînent sans ruptures : Lourosa, Mozelos, Argoncilhe et son vieux séchoir à grains (espigueiros), Nogueira da Regedoura... À Grijó, je rejoins l'albergue São Salvador tenue par une association religieuse. Je suis le premier marcheur du jour, rejoint un peu plus tard par Claudio, un pèlerin brésilien.

Je règle mon écot, celui-ci est *donativo* (chacun verse ce qu'il peut, sachant que celui qui est démuni verse sa part symbolique).

Nous nous installons. Claudio me propose de l'accompagner à l'office du soir au monastère San Salvador situé non loin de là. Nous nous y rendons en longeant le grand mur entourant son domaine. En face de l'entrée, un immense cimetière très fréquenté.

Cet ancien monastère de chanoines réguliers de Saint-Augustin fut créé en 922. Au fil du temps, il est modifié. Sa modeste façade est dotée d'un porche à trois arcs en plein cintre sur des pilastres, surmontée de niches contenant des sculptures de saint Pierre et saint Paul.

L'église est pleine à craquer. L'office se déroule à l'ancienne, avec de nombreux enfants de chœur. La chorale dirigée de main de fer par une femme patronnesse fait résonner les chants religieux sous la voûte. Je ressens une grande émotion. C'est beau et plein de ferveur, même si je ne comprends pas le portugais. Tout est dans le partage. En sortant, j'admire une belle statue de la Vierge à l'Enfant de facture moderne.

Revenant vers l'albergue, les voisins nous invitent à partager le repas de famille du soir. Chacun paye son écot, soit 6 €, nourriture et vin à volonté. Autour de la table, les grands-parents, les enfants et petits-enfants. Une belle tablée. J'ai dégusté de la viande et du poisson préparés à la portugaise. Un repas bien réconfortant.

Il est temps de dormir, chacun dans sa chambrée. Claudio part très tôt demain matin. Il accueille en soirée à l'aéroport de Porto un groupe de Brésiliens venu en pèlerinage vers Compostelle. J'apprends à cette occasion qu'il est guide.

109 : Sermonde, Pedroso, Vila Nova de Gaia, Porto, 17 km (2 332 km)

En me levant, Claudio est sur le départ. Nous nous faisons l'accolade traditionnelle. Je prends paisiblement mon petit-déjeuner en traînant un peu. Ce matin, je suis en forme même si mon genou me lance un peu. Par sécurité, je me fais un bandage. Ce soir, je serai à Porto.

Je repasse devant le monastère devenu bien calme, rejoignant Sermonde, puis Perosinho. Je croise deux pèlerins portugais arrivant à grands pas. Ils se rendent à Fátima, préférant marcher de nuit.

Ils cherchent le refuge, je leur indique. Marcher de nuit doit être utile pour bénéficier d'une température clémente, bien que... mais il doit être difficile de repérer le marquage du Chemin. Surtout, ils ne bénéficient pas de la beauté du paysage. Il est vrai que, plus on s'approche de la grande ville, moins celui-ci est beau.

Après le village, j'entame la montée en forêt en suivant une route pavée suivie d'un sentier forestier très agréable à cette heure-là. Je suis doublé par deux vététistes, un père et son fils.

Ce dernier souffre dans la montée, son souffle est rapide. Ils s'arrêtent, et me font un petit signe de la main. À la sortie de la forêt, j'arrive à Pedroso. C'est le retour à la civilisation.

À Vila Nova de Gaia, je me restaure avant de rejoindre Porto. La cité a donné son nom au Portugal et à l'apéritif bien connu. Je me dirige vers la cathédrale, la *Sé,* une église forteresse du 12e siècle hélas fermée. Étonnant !

Autrefois, Gaia (Cale) et Porto (Portus) étaient associées, désignées sous le nom générique de comté de *Portucalia.* La lutte entre Lisbonne et Porto reste épique, l'une voulant dominer l'autre. Peut-être ne connaissez-vous pas cet adage : *« Pendant que Lisbonne se fait belle, Coimbra étudie, Braga prie et Porto travaille ».*

Un petit mot sur le célèbre porto, dégusté en apéritif. Né au 17e siècle à la suite des conflits entre l'Angleterre et la France, il est élevé à partir de raisin issu de la vallée du Douro. Voyageant difficilement, contrairement aux vins bordelais, les négociants ajoutèrent de l'eau-de-vie pour arrêter sa fermentation.

J'assiste à un défilé de pompiers, certains en herbe. Les *bombeiros* sont essentiels au Portugal. Avec la sécheresse, les essences telles l'eucalyptus sont très sensibles au feu. Les forêts sont très vulnérables. Les grands incendies de 2003 et 2005, détruisant des centaines de milliers d'hectares, sont encore dans la mémoire collective. Ils sont d'une importance vitale pour le pays. Chapeaux bas aux bombeiros.

Je me balade en ville. Il faudrait plusieurs jours pour tout découvrir. La ville n'est pas mon trip. Je rejoins un hôtel économique. Le prix est modique, la chambre confortable. Tout va bien. Le moral est présent.

110 : Araújo, Moreira, Vilar do Pinheiro, Mosteiro de Vairão, 25 km (2 357 km)

En consultant le plan, je m'aperçois me trouver sur la voie de Braga. À l'intersection des marquages jaunes, j'ai suivi la mauvaise voie. Après un café rapide, je rejoins la bonne direction. Un kilomètre supplémentaire. Le début est urbain, la circulation intense. Ce n'est pas folichon. C'est souvent le cas autour des villes d'importance. Porto et ses 240 000 habitants possèdent une banlieue animée avec ses magasins, ses immeubles, dont certains en mauvais état.

Après deux heures de marche sous un ciel menaçant et un arrêt pour prendre un petit-déjeuner consistant, je traverse Araújo où je retrouve une rue pavée comme je les aime. Elle rappelle l'ancienneté romaine de cette voie. J'apprécie désormais le silence entrecoupé de temps à autre par une voiture passant rapidement. Une spécialité locale.

Mon passage à Moreira est salué par un étrange « monument » se trouvant au milieu d'une maison détruite. Je n'en comprends pas la raison. Ils auraient pu fournir un effort pour dégager son contour.

Le marquage est très clair avec des poteaux indicateurs. Après de nombreux détours, j'accède à la zone industrielle Maia 1. J'y fais quelques courses de bouche sous l'œil sourcilleux d'un vigile. Sa méfiance me fait penser qu'il n'apprécie pas ceux venus d'une autre planète, celle des marcheurs. Peut-être me prend-il pour un voleur ? Il est vrai que je ressemble peut-être à un SDF.

Cela me fait penser à ce proverbe chinois : « *Le pauvre devine ce que donne la richesse, le riche ne sait pas ce que signifie la pauvreté.* » Ce temps de réflexion pour penser au vécu de ceux n'ayant pas la chance, ou le désir, d'avoir un domicile fixe. J'ai vécu ce regard en 1965,[22] en faisant la manche et dormant dans un squat.

Il me suit jusqu'à la caisse au cas où ? Après avoir réglé mon dû, je le regarde droit dans les yeux avec un sourire provocateur. Je sais, ce n'est pas bien, mais cela me fait du bien.

Je reprends le chemin vers Vilar do Pinheiro, puis Giao. Le bord de la route étant dangereux, le chemin initial est détourné vers de petites routes plus calmes. J'en profite pour saluer le travail remarquable des associations locales, même si parfois, il rallonge notre kilométrage.

---

[22] Alain Lequien, ***Destins croisés,*** BoD, 2024.

Tranquillement, j'arrive au Mosteiro de Vairão, un monastère privé de ses moines, ouvert aux pèlerins depuis 2013. C'est mon étape du soir. J'y ressens un silence bienfaiteur bien différent du bruit de Porto. Il a reçu récemment des colonies de vacances. En cette fin de saison estivale, il y a peu de monde. Un bâtiment est réservé à notre accueil.

L'hospitalière habitant dans une petite maisonnée tout proche m'accueille chaleureusement. Je suis le premier à prendre mes marques : une petite chambrée pour moi seul, au fond du couloir.

Peu à peu, les marcheurs arrivent. Depuis Porto, ils sont plus nombreux : deux Françaises, un Allemand, une Danoise, une Russe... Nous nous retrouvons bientôt à huit.

Je visite le musée d'interprétation installé dans les locaux. D'une grande simplicité, il est constitué des dons de marcheurs, dont certains racontent leurs histoires, leurs cheminements.

La chapelle São João est en travaux. Je profite de la présence du chef de chantier pour la visiter. Petite abbatiale où les moines se réunissaient pour leurs offices. Il n'a pas la clé du cloître. Dommage.

201

Le soir, avec les Françaises, nous dînons au petit restaurant local, l'Otilia snack-bar, situé à quelques centaines de mètres. Servi sous une tonnelle, le menu pellegrino traditionnel nous est servi pour une dizaine d'euros. La fraîcheur du soir nous rappelle à la réalité, nous rentrons au monastère. Les portes ferment à 22 h, une spécificité des albergues.

111 : Vilarinho, Rates, Barcelos, 32 km (2 389 km)

Les marcheurs bougent dans la chambrée voisine. Je reste allongé, éveillé. En sortant, je croise mes compagnes d'hier soir sur le départ. Nous nous faisons l'accolade. Après le petit-déjeuner sorti du sac, j'entame mon cheminement par une petite route cernée de hauts murs. Lieu insolite par ce temps brumeux et bruineux, je n'aperçois que les premières arches d'un pont. Un présage d'une journée de soleil ? Tout va bien, mes genoux me laissent tranquille.

Je rejoins la route à grande circulation. Les autorités locales ont tracé une petite déviation à cause des accidents. Des inconscients continuent. J'emprunte cette petite route traversant des champs de maïs. L'eau d'arrosage reçue en passant me fait rire.

Après Vilarinho traversé rapidement, je croise au village voisin un berger accompagné de ses brebis. Un beau spectacle. Je m'arrête au bar pour boire un café. Un jeune Néerlandais, accompagné de sa copine, souffre de ses nombreuses ampoules. Je lui suggère d'acheter des *Compeed*. Je lui en fournis deux pour ses blessures les plus notables. Plus loin, des marcheurs portugais me rattrapent. Quelques échanges, ils repartent. J'arrive à l'église romane de Rates, construite sur les traces d'une ancienne église wisigothe.

Selon la légende, Pierre de Rates, premier évêque et martyr de Braga, serait venu à l'invitation de Jacques le Majeur pour prêcher au Portugal. Sa dépouille fut découverte au 9e siècle par saint Félix l'Ermite, un pêcheur de Vila Mendo. De là débute le pèlerinage dans le village. Les reliques sont transférées au 16e siècle à Braga où elles demeurent. C'est le monastère clunisien de La Charité-sur-Loire (en Bourgogne) qui édifie le monastère local.

Cela me fait penser à une citation mentionnée par les Pères du Désert ? *« Le travail du moine, c'est de voir venir de loin ses pensées. »*
Passionné de l'époque romane, cette citation me sied bien.

Je continue vers Barcelinhos, puis Barcelos. Située sur la rive du Rio Cávado, Barcelos fut rendue célèbre par la légende du coq. Comme à Santo Domingo de la Calzada (*Camino Frances,* en Espagne), il chanta pour clamer l'innocence d'un pendu sauvé par saint Jacques.

Il y a longtemps, un Galicien fut condamné sans preuve au gibet pour un crime. Il implora Notre-Dame et saint Jacques de faire un miracle. Comme dernier vœu, il demanda à être reçu par le juge. Celui-ci le reçut dans sa salle à manger.

Voyant un coq braisé sur la table, il jura que le coq se lèverait et chanterait pour prouver son innocence. Cette allégation provoqua rires et quolibets dans l'assistance, mais personne n'osa demander sa part de viande.

Après la pendaison du condamné, le coq se leva et se mit à chanter. Aussitôt, le juge se rendit au lieu du supplice. Le nœud de la corde ne s'était pas serré… il fut libéré. Quelques années plus tard, l'ex-condamné fit élever un monument en l'honneur de la Vierge et de saint Jacques. Le coq est devenu l'emblème de la ville. On en trouve de nombreuses traces dans la ville, comme le grand coq coloré. De nos jours, cette légende est devenue l'un des symboles du Portugal, celui de la foi, de la justice et de la bonne chance.

En visitant la cité, je découvre de l'église de Bon Jésus de la Croix (inaccessible). Elle est associée à l'apparition miraculeuse d'une croix de terre noire au cours d'une foire en 1504. Une chapelle fut construite, puis 200 ans plus tard, cette église. Ses formes arrondies, sa façade aux nombreux éléments décoratifs de style baroque et son grand dôme de dix mètres de diamètre en font une curiosité.

Il est temps de rentrer. Je mange à la cantine des bombeiros avant de rejoindre mon gîte.

112 : Aborim, Balugães, Ponte de Lima, 33 km (2 422 km)

Bonne nuit dans le gîte moderne. Petit-déjeuner rapide. Aujourd'hui, je dépasse la barre des 2 400 km de marche. Je ne m'en croyais pas capable. Comme quoi, l'homme a de la ressource.

Comme souvent en quittant les cités ibériques, de riches fresques. Un peu plus loin, des sculptures modernes gravées dans la pierre où l'on retrouve le sens du Chemin : *servir au lieu de se servir*.

Je marche seul. Cent mètres devant moi, un homme âgé... Pardon, de mon âge, je n'arrive pas à vieillir. Au milieu d'un rond-point, une imposante publicité de la ville sur le Caminho, le chemin vers Compostelle. Les marcheurs sont nombreux, le trajet de Porto à Santiago est beaucoup plus fréquenté. De temps à autre, j'échange, sans plus. Moment touchant, un jeune Allemand d'une vingtaine d'années prenant un grand soin de sa grand-mère.

J'arrive à Ponte-Lima, la plus ancienne cité du Portugal, située sur le Rio Lima. En ville, je recroise quelques marcheurs. Nous décidons de partager le dîner dans un restaurant, près du fleuve. Personnellement, je dors à l'auberge de jeunesse. Mon côté ours me fait me retirer dans ma grotte, à moins que cela soit dans ma coquille...

Histoire de Ponte de Lima

Pourquoi cette attention pour Ponte de Lima ? Cette cité est riche de légendes, d'histoires et d'architecture que je souhaite partager.

Son nom, Lima, est mythique. En arrivant pour conquérir le territoire, les Romains crurent que son nom était *Lethé,* un mot grec ancien signifiant l'*oubli*.

Ils pensèrent au cinquième fleuve des Enfers, le « *fleuve de l'oubli* ». Selon la légende, quiconque osait le franchir était certain d'oublier sa patrie, sa famille, son nom, du fait de sa grande beauté. Les soldats refusèrent de le traverser, quitte à être sanctionnés. Le consul Decimus Junius Brutus prit sur lui pour dépasser cette croyance. Il traversa le pont dominant les eaux maléfiques, portant un bouclier sur sa tête. Il devait y croire à moitié ! Ayant atteint l'autre rive, il se tourna vers ses soldats terrifiés et les appela chacun par son nom. La crainte au corps, chacun obéit devant cette preuve flagrante, pour continuer la conquête. L'effroi du fleuve de l'oubli s'estompa.

Ce pont se compose de deux sections. La partie romaine fut construite au 1er siècle de notre ère par l'empereur Auguste pour faciliter la voie romaine. Elle correspond à celle se trouvant sur le fleuve. La seconde, édifiée à l'époque médiévale, correspond au « pont sec » sur les berges du fleuve permettant l'accès réservé aux piétons à Arcozelo.

À l'entrée, une sculpture de maître Jacques souhaitant un « *Bom Caminho* ». De nombreuses statues en bronze jalonnent la promenade créée le long du fleuve. Nous pouvons admirer un groupe de personnages et d'animaux symbolisant les travaux des champs dans le Minho. La paysanne conduit les bœufs tandis que son mari tient la charrue. À l'arrière, une femme coupant à la serpette un plant de maïs, rappelle que le Haut-Minho est une région de cultures.

D'autres personnages représentent des danseurs et des musiciens jouant lors des *feiras novas* symbolisant le folklore du Haut-Minho. Ces grandes fêtes populaires se déroulent toujours annuellement en septembre, les dernières avant la période hivernale.

Près de l'Office du tourisme, l'ancienne prison des femmes

113 : Col de Portela, Rubiães, *São* Bento da Porta Aberta, Paços, 31 km (2 453 km)

Je quitte l'auberge de jeunesse après le petit-déjeuner. Rejoignant le fleuve, je passe devant les statues de bronze et traverse le pont. Le temps incertain, frais, est agréable. Il est vrai que nous sommes en septembre. Ma famille me manque même si j'appelle ma belle chaque jour. Ce contact reste virtuel. Il faut tenir le coup. La fin est proche…

Je m'engage sur d'anciennes voies romaines et des sentiers bucoliques. Le premier passe entre deux murets se transformant en ruisseau. Sans eau, heureusement. En cas de pluie, un passage en pierres de taille permet de marcher sur le côté.

Je traverse Arcozelo, croisant une tractopelle transportant un palmier vers une propriété cossue. L'arbre fait bien de six à sept mètres de hauteur. Les petites routes et les petits chemins s'enchaînent sans grande circulation. La chaleur revient peu à peu.

J'entreprends la montée de cinq kilomètres vers le Col de Portela Grande de Labruja, le point le plus haut du Caminho Português. Trois cents mètres de dénivelé positif.

En passant par la *Cruz dos Mortos* appelée aussi *Croix des Français*, j'ai une petite pensée pour l'arrière-garde des troupes napoléoniennes tombée dans une embuscade en 1809. Belle vue au col, même si mes amis savoyards sourient quand je leur parle d'une montée.

La descente est rapide vers Rubiães. Je n'ai parcouru que 19 km.

Je rejoins un nouveau pont romain, puis un chemin pavé le long d'un cours d'eau. L'ancienne voie romaine XIX rejoignant Astorga, en Espagne. La montée raide m'amène au grand sanctuaire de *São Bento da Porta Aberta* (Saint-Benoît-des-Portes-Ouvertes). Celui-ci attire chaque année des centaines de milliers de pèlerins venus à pied, comme à Fátima. Au 17ᵉ siècle, il n'y avait qu'une simple chapelle construite pour répondre aux besoins de la population locale.

La descente très raide alterne routes et chemins forestiers, pavés qui m'amènent à Fontura. Il fait chaud. Je m'arrête dans un bar pour boire une boisson fraîche. Arrive un Allemand rencontré au Mosteiro de Vairão, qui se rend au nouveau refuge de Paços. Je l'accompagne. Nous y retrouvons un Néerlandais et un couple suisse. Une présence internationale. L'hospitalière nous accueille en nous offrant la boisson d'arrivée. Je prends une bière, pour décontracter les muscles.

Nous y prenons la soirée étape. Un repas bien fourni pris avec le couple d'hospitaliers venus se retirer ici pour ouvrir ce gîte d'étape. Nous avons droit à un gâteau d'anniversaire. Le lit confortable m'a permis de m'endormir rapidement, et de récupérer.

114 : Valença, Tui, O Porriño, Mos, Redondela, 39 km (2 492 km)

Les trois marcheurs se lèvent aux aurores, le couple suisse, dans sa démarche touristique, continue à dormir. Petit-déjeuner en libre-service. Le sac du Néerlandais, un sportif d'une quarantaine d'années, est déjà bouclé si bien qu'il s'envole rapidement. Je ne le reverrai plus. Quant à l'Allemand bedonnant (plus que moi, sourires), il prend son temps. Il est vrai qu'hier soir, il est arrivé très fatigué. Cela s'est entendu à ses ronflements. La réalité du Chemin. Je ne le reverrai pas non plus. On se croise, on se perd...

Partant seul, je marche à mon pas de sénateur et m'arrête sans contrainte. Tout débute sur un chemin forestier, puis j'arrive à Valença do Minho, dernière ville portugaise. Le *Caminho central* rejoint le *Caminho de la Costa*.

La cité possède une forteresse à la Vauban[23]. Entourée de deux lignes de remparts de douze bastions et quatre portes, elle fait face à celle de Tui située de l'autre côté du fleuve. Le Caminho la traverse.

En passant le Pont de fer du Rio Minho, je prends pied en Espagne, avec un décalage horaire d'une heure... Étonnant cette différence d'heure en quelques mètres !

Jusqu'en 1833, Tui était la capitale de la Galice. À l'époque napoléonienne, il ne faisait pas bon être Français. Voici ce qu'en disait Thiers sur ces journées de mars 1809 : « *Toute la population était insurgée et plus furieuse que jamais. Des Français tombés au pouvoir des insurgés avaient été horriblement mutilés par des femmes barbares, et les débris de leurs corps souillaient la route* ».

Bigre ! Drôle d'époque... Il est vrai que les troupes françaises étaient loin d'être exemplaires... De nos jours, le calme règne. Je visite la cathédrale Santa Maria datant du 13e siècle, puis la vieille ville. Je quitte la cité par le passage des Clarisses sous un bâtiment.

Le chemin passe la plupart du temps en forêt, même si parfois, je côtoie des routes. À plusieurs reprises, des associations locales proposent des chemins alternatifs pour nous éloigner des routes dangereuses. C'est le cas du chemin bucolique le long d'une petite rivière nous évitant de passer dans une zone industrielle.

Je chemine désormais avec un jeune Madrilène. Le parcours nous amène à l'albergue d'O Porriño. Nous faisons l'impasse. Nous partageons un morceau puis, lui dormant chez l'habitant, je poursuis mon périple ayant parcouru 24 km.

J'espère trouver un gîte non loin de là. Au bout de 5 km, j'arrive à Mos. C'est la fête au village. L'albergue est pleine, des marcheurs dorment à même le sol. On se croirait sur le Camino Frances. Souhaitant le calme, je repars en espérant un signe de ma bonne étoile...

Connaissez-vous la consolation de Carlson ? « *Rien n'est un échec complet. Tout peut servir, au moins, comme mauvais exemple.* »

---

[23] Alain Lequien, **Vauban, humaniste, précurseur du Siècle des Lumières**, BoD.

J'arrive à la borne indiquant Santiago à 91,544 km. Je le croyais à ce moment-là. Je suis fatigué par les 34 km parcourus, surtout après la côte casse-pattes de tout à l'heure.

Le soleil est très présent, je n'avais pas imaginé cela ce matin. Je m'arrête durant une heure à une table de bois accueillante en pleine forêt pour me reposer. Il est 17 h. Ah ! Si j'avais ma tente... Mon seul choix, rejoindre Redondela, à quelques kilomètres de là.

Revigoré, le mental étant très important, je repars. Mes muscles refroidis sont raides. La grande descente s'avère difficile. Je regarde avec attention la présence éventuelle d'un gîte avant d'arriver en ville. Je trouve une publicité indiquant un accueil sympa à un kilomètre de là. Hélas, je ne le trouverai jamais. Je continue, arrivant au gîte pèlerin local de 34 places.

Surbookée, l'hospitalière me dirige vers une albergue privée située non loin de là. J'y vais. Ouf ! Il reste quelques places. J'ai un lit pour ce soir au prix raisonnable de 12 €.

Après une douche longue et bienfaisante, m'être reposé durant une heure, je sors en ville pour trouver de quoi manger. Je ne m'attarde pas à la course pédestre dans les rues de la vieille ville. J'ai faim.

La ville est célèbre pour son chemin de fer et son viaduc surplombant la cité. Je dégotte un petit restaurant de poisson. Super. Au retour, je ne traîne pas, je m'endors rapidement. En cours de nuit, de jeunes marcheurs échauffés font du bruit. Je râle intérieurement... Il faut bien que la jeunesse passe...

115a : Arcade, Pontevedra, 18 km (2 510 km)

Cette étape se découpe en deux parties, la première dans la continuité du *Caminho Português*, la seconde sur la variante spirituelle, le *Camino Maritimo*, le Chemin maritime.

Comme dans les albergues surchargées, le remue-ménage commence tôt. Je regarde mon smartphone : il est à peine 6 h. Je me donne une demi-heure avant de me lever. Il doit y avoir la queue à la salle de bains du rez-de-chaussée. Le manège continuant, je me lève et prends le petit-déjeuner à l'étage : café, thé, gâteaux type madeleines, sans pain. Le minimum, donc, je mangerai en route. Certains marcheurs s'exprimant bruyamment, l'hospitalière y remet de l'ordre.

Je trouve un encart sur le *Camino Maritimo ou Ruta Maritima*, la variante spirituelle. Un chemin m'éloignant de la multitude pressentie jusqu'à Santiago. Il débute après Pontevedra.

Je quitte Redondela par des chemins de terre jusqu'à Arcade. Un peu plus de 7 km. Évitant la ville, je continue par une longue montée. Après une descente, je découvre la chapelle Santa Maria où je me recueille un instant. Longeant une rivière, le chemin est agréable. J'y croise des vététistes. C'est l'arrivée à Pontevedra.

La ville est en fête, habitants et touristes sont habillés « *à la médiévale* ». La Foire franche, la *Feira Franca,* existe depuis plus de cinq siècles. En 1467, le roi Henri IV accorda à la cité le droit de tenir un marché libre sans impôt durant un mois chevauchant août et septembre. Serpentant les places et les rues, les participants profitent des nombreux spectacles et expositions durant le week-end.

Nous sommes samedi. En soirée, dans les arènes de la plaza des Toros, aura lieu le tournoi médiéval entre chevaliers.

Je m'éloigne en me dirigeant vers la variante du *Camino Maritima*. Conçu depuis peu, agréé par l'Office des pèlerins en 2013, cet itinéraire maritime débute à Vilanova de Arousa, cité balnéaire sur l'estuaire d'Arousa. Suivant le Rio Ulla, il rejoint Pontecesures. De là, nous rejoignons Padrón à pied, deux kilomètres plus loin. Durant une heure, ce passage représente symboliquement le parcours du corps de Saint-Jacques jusqu'à Padrón, et comme le *chemin initial*, la *source* de tous les chemins de Compostelle.

Un peu d'histoire ?

Selon la tradition chrétienne, Jacques de Zébédée dit *Jacques le Majeur,* et son frère, *Jean l'Évangéliste,* furent nommés les *Fils du Tonnerre* par le Christ. Avec Pierre, les frères un peu indisciplinés furent les disciples les plus proches de Jésus, assistant aux événements les plus importants de sa vie. Notamment, son agonie au Jardin de Gethsémani ou l'événement de sa Transfiguration.

Décapité sur ordre du roi Hérode Agrippa, aux environs de la Pâque en 42/44, il fut le premier apôtre à recevoir la couronne du martyre. Ses disciples auraient ramené son corps en *Ibérie* (péninsule ibérique). Le bateau passant par l'estuaire d'Arousa aurait remonté le Rio Ulla, atteignant Iria Flavia (Padrón), et de là... il se retrouva à Saint-Jacques-de-Compostelle.

Pour l'instant, il faut parcourir une cinquantaine de kilomètres, deux à trois jours de marche. Deux kilomètres après Pontevedra, je quitterai le Chemin português se dirigeant vers le nord pour suivre cette *Variante Spirituelle*.

La Ruta Maritima, Spiritual Variant (Espagne)

115 b : Mosteiro San Juan de Poio, 11 km (2 521 km)

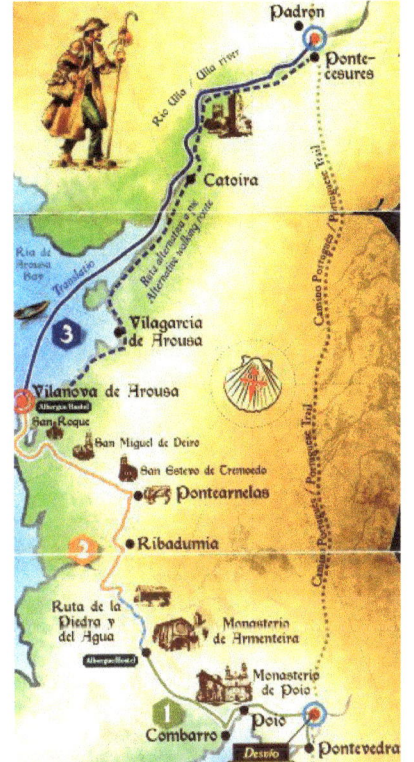

Après Boa Vista, je perds le fléchage spécifique. Je suis remis sur le chemin par une restauratrice qui, me voyant fatigué, m'offre un coca et un peu de viande dans un morceau de pain. Elle me réserve une nuit au monastère de Poio. Progressivement, j'y arrive. Il trône sur le village.

Fondé au 7ᵉ siècle par saint Fructueux, il fut abandonné par les moines bénédictins en 1835, à la suite de la loi sur l'expropriation des biens du clergé. En 1890, il est réoccupé par l'ordre de Notre-Dame-de-la-Merci. Son église de style Renaissance comprend des éléments baroques.

J'y suis accueilli pour un tarif modéré. Le monastère reçoit des séminaires, des groupes et des jacquets. C'est le cas ce soir d'une cinquantaine de personnes venues en autobus. Après la douche et du repos, je descends au village. Il n'y a rien de transcendant. Au retour, je dîne dans la grande salle, devant l'immense fresque de la Cène.

« Il faut toute la vie pour apprendre à vivre. » (Sénèque)

Fatigué, je rejoins ma chambre et m'endors rapidement. Demain est un autre jour.

116 : Combarro, Cal do arocco, Mosteiro d'Armenteira, 17 km (2 538 km)

Après cette bonne nuit, je déjeune seul dans la grande salle de restaurant. Après avoir réglé mon écot, je passe à Combarro, un petit village de pécheurs célèbre pour sa trentaine d'*horrèos* (greniers galiciens sur pilotis). Un des plus grands ensembles de la Galice.

La forme est bonne. Peu à peu, le soleil et le vent de la mer apparaissent. C'est normal en ce mois de septembre. J'entame la belle montée vers Outeiro pour rejoindre le plateau au Cal do Marroco, à 400 mètres d'altitude. Les signes de la civilisation sont réduits pendant plusieurs kilomètres.

La descente me conduit au monastère cistercien de Santa Maria de Armenteira, datant du 12e siècle. Il s'y déroule un mariage, ce qui limite sa visite. La tradition veut qu'y soient nés les cépages de l'Albarino introduit par les moines du monastère. Les Galiciens soutiennent qu'ils seraient issus du croisement de boutures romaines avec des vignes locales.

Je récupère la clé du gîte à l'office du tourisme. Pour l'instant, il est occupé par un groupe de tireurs de ball-trap réunis dans un chapiteau en contrebas. On y boit sec. La compétition terminée, ils quittent les lieux. Ouf, c'est plus calme. Peu à peu, quatre marcheurs arrivent, puis des cyclistes italiens toujours aussi volubiles. Fini le repos. Heureusement, je me suis casé dans la petite pièce possédant quatre lits. Un Néerlandais me rejoint. Nous nous retrouvons au restaurant près de l'abbaye. C'est bon, copieux et peu onéreux. Bonne nuit après cette petite étape.

117 : Ruta de la Piedra, Vilanova de Arousa, 24 km (2 562 km)

Les vététistes partis en premier, le marcheur néerlandais les suit de peu. Je me lève tranquillement. Pas de petit-déjeuner, je mange des gâteaux secs sortis du sac.

D'Armenteira à Merendeiro, je rejoins le Néerlandais et un couple d'Espagnols, pour suivre la *Ruta de la Piedra y del Agua*, la Route de la pierre et de l'eau. Ce parcours se déroule le long du Rio Armenteira. Dans un paysage naturel de toute beauté se succèdent les restes d'une trentaine de vieux moulins à eau, dont certains sont restaurés.

Au bout de ce chemin, un petit village est reconstitué, agrémenté de statues de pierres de personnages. Le but est de nous faire vivre la vie des habitants d'antan. Un vrai chef-d'œuvre.

Ce parcours terminé, je me retrouve seul vers le chemin de halage du Rio Umia. Je me dirige vers Ponte Arnelas (j'y mange), puis j'arrive à Vilanova de Arousa, une petite station balnéaire. Je me rends à l'albergue située dans les locaux du parc des sports. Il y a des travaux. Avec le Néerlandais, nous attendons son ouverture. L'hospitalier arrive, nous installe. Peu à peu, il se remplit, avec de nombreux vététistes, dont certains accompagnés d'une camionnette.

Le soir, en petit groupe, nous mangeons du poisson sur la jetée.

Demain matin, nous traverserons l'estuaire d'Arousa en bateau à moteur de six personnes pour rejoindre Pontecesures. Puis nous remonterons la rivière Ulla. Ayant réservé ma place, je fais partie du second passage, vers 11 h 30, selon la marée. Une autre émotion. Certains marcheurs choisissent de suivre la côte (28 km).

118a : Translation en bateau vers Pontecesures

Cette étape du jour est découpée en deux parties, la première en bateau, la seconde en marchant vers Santiago.

À 8 h, tout le monde est debout. Premier départ à 10 h. Nous déjeunons en échangeant sur ce trajet inconnu pour la plupart d'entre nous. La marée étant favorable, notre départ est avancé d'une demi-heure.

Le bateau motorisé est mené avec dextérité. Le bateau tape énergiquement sur l'eau. Je ne suis pas à l'aise, et même crispé. Toujours cette peur de l'eau. Notre pilote se montre disert sur l'histoire de Jacques. Nous faisons deux haltes au cours de cette vingtaine de kilomètres pour nous faire découvrir les nombreux calvaires jalonnant les îlots, les bords de la baie et de la rivière.

Il s'arrête le long d'un bateau où nous assistons à l'ensachage des moules élevées dans la baie sur de grands supports de fer. C'est impressionnant et instructif.

Un peu plus loin, nous stoppons près de la reconstitution d'un navire viking réalisée pour les habitants de Catoira. Cette cité du bord de la rivière vécut de nombreuses invasions barbares. Pour les commémorer, une fête annuelle est organisée.

Le *Desembarco Vikingo*, le débarquement viking a lieu tous les premiers dimanches d'août. Les invasions sont mises en scène.

Les drakkars accostant sur les rives, les grands Nordiques cornus et roux lèvent leurs épées en poussant leurs cris (aturuxos). Ils attaquent les chrétiens qui ne peuvent résister, au milieu de la fumée des combats. Tout se termine par un banquet confraternel réunissant combattants, spectateurs et *gaiteiros* (les joueurs de cornemuses galiciennes). Les Nordiques dénommèrent la ville de l'Apôtre *Jacobsland*.

De loin, les ruines des *Torres* (tours) d'Oeste reconstruites pour surveiller les accès du Rio Ulla. L'appontage s'effectue à Pontecesures.

118b : Pontecesures, Padrón, A Escravitude, 8 km (2 570 km)

Quittant le bateau, nous rejoignons Padrón, à deux kilomètres, en suivant le Rio Ulla. Nous arrivons vers 13 h 30. Sur place, de nombreux marcheurs et touristes. Certains marchent vers Compostelle, d'autres sont venus en autobus pour visiter le lieu d'accostage de la barque jacquaire. On trouve ce même phénomène à Fisterra, où se trouve le *kilomètre 0* du Chemin. Ces marcheurs sont parfois marqués par leur périple, les uns portent des bandages, d'autres boitent. L'un d'entre eux s'appuie sur des béquilles...

Le lieu d'arrimage de la barque est déprimant, n'étant pas mis en valeur. Peut-être est-ce la volonté de garder une certaine authenticité ? Près de la fontaine où est gravée la scène relatant cette arrivée se trouve l'albergue. Il y a du monde. Le Néerlandais y fait halte, je préfère continuer.

Je repars en me disant que je trouverai bien un gîte en route. Il est 15 h. Je traverse de charmants villages, hameaux et chapelles. J'arrive au sanctuaire marial baroque d'A Escravitude. L'église fut bâtie au 16e siècle sur le lieu d'une *Fonte Santa*, une fontaine sainte, financée par les dons des fidèles la fréquentant pour les propriétés curatives de l'eau.

219

Comme souvent, ce lieu a une origine mythique. Un homme malade ayant effectué le Camino de Santiago pour la guérison de son hydropisie fut guéri trois jours plus tard sans intervention médicale.

Se voyant en bonne santé, il aurait dit : « *Merci à vous, Vierge, qui m'a délivré de la servitude de mon mauvais état* ».

J'arrive au milieu d'une fête religieuse avec ses stands et une fanfare. Juste en face se trouve la Casa Eduardo. Je m'y arrête. Pour le dîner, les tenanciers me préparent un repas simple et consistant. Autant lors de mon arrivée, il y avait du monde, notamment les musiciens des chorales, autant désormais tout est d'un grand calme.

Fin du Caminho Português (Espagne)

119 : Teo, Santiago, 17 km (2 587 km)

Nuit calme et reposante, prêt pour la dernière étape de mon cheminement. Vers 7 h, le tenancier me sert un petit-déjeuner partagé avec un marcheur italien arrivé sur le tard. Nous décidons de terminer ensemble. Il aurait parcouru plus de 40 km hier, ayant hâte d'arriver à Santiago pour prendre son avion. C'est mon cas, mais j'ai prévu la marge suffisante. La cathédrale de Saint-Jacques-de-Compostelle n'est qu'à 17 km.

Il fait encore nuit et il pleuviote. Nous avons du mal à distinguer les marques d'autant que le circuit est sinueux pour éviter la grande route. La lampe frontale est indispensable, je l'ai peu utilisée cette année. Nous passons de hameau en hameau : À Picaraña, O Faramello jusqu'à Teo. Le gîte de pèlerin du lieu est silencieux. Situé à 12 km de Santiago, il semble fermé.

Mon compagnon de route, me trouvant trop lent, accélère. Il part en faisant un petit signe, et s'éloigne d'un pas rapide. Pas de problème, il a ses raisons que je comprends. J'ai le temps de musarder. Je ressens d'ailleurs des sentiments antinomiques. Tout sera fini pour cette année. J'ai envie de serrer ma femme, mes enfants et petits-enfants dans mes bras, et en même temps, je suis tellement bien sur le Chemin.

J'entame la montée de plus de 6 km menant à O Milladoiro. La borne jacquaire indique Pk. 6,740. Au village, je m'arrête à la Capilla de Santa Maria Magdalena. Une femme tente de m'en expliquer son histoire. En vain. Ne parlant qu'espagnol, son débit est si rapide que je n'en comprends que des bribes. Vivement l'espéranto...

Peu à peu, par des chemins de forêt, je me rapproche de Santiago. Il est toujours étonnant de voir de la belle verdure si proche d'une grande ville. Dans un chemin boueux, défoncé, des ouvriers s'affairent autour de machines de chantier. De grands travaux...

Les petites maisons classiques de banlieue s'accumulent comme en France. Les petites routes font place à des rues plus larges, plus fréquentées par les automobiles. Cette entrée traditionnelle n'a rien à voir avec l'entrée moderne de Santiago lorsque l'on descend de Monte Gozo en provenance du Camino Frances ou du Primitivo.

Je passe devant un grand établissement hospitalier. Indifférents, les gens marchent d'un pas rapide, tête baissée, vers leurs occupations. Ils voient depuis longtemps tant de marcheurs que ceux-ci sont noyés dans leur quotidien. Je retrouve le monde profane dans lequel je m'insérerai dans quelques jours.

Peu à peu, j'arrive à la Plaza del Obradoiro. Je ne peux pas entrer avec le sac. Je reviendrai demain. Je passe au Bureau des pèlerins chercher ma seconde compostela de l'année. Ce n'est pas un trophée, simplement le certificat de mon parcours que je raconterai lorsque je serai vieux à mes petits et arrière-petits-enfants.

120 : À Santiago

Je passe mes deux dernières nuits au Seminario Menor, le grand gîte de 177 places dominant la ville. Après la messe du pèlerin du lendemain, je me balade. En fait, je m'ennuie. Rester à Santiago n'a plus la même saveur. Ce n'est qu'une étape dans ma vie, me permettant de continuer à grandir, de me parfaire peut-être. En fait, j'aurais dû prendre le bus pour passer cette journée à Fisterra.

121 : Retour à la maison

Le 11 septembre, après 121 jours passés sur les Caminos, l'avion me ramène à Genève, comme pour clore cette boucle. Covoiturage vers Dijon. Mon épouse et sa maman, Clémence (aujourd'hui centenaire), m'ont préparé un repas de choix, avec amour.

Je dois me réadapter rapidement : les cours de management, les audiences aux prud'hommes, les réunions symboliques, les copains… Sans oublier bien sûr l'amour de mes trois enfants, de mes petits-enfants. Bref, une vie active.

Mes ouvrages disponibles

- *Destins croisés, Le périple de deux ados en quête d'identité, BoD*
- *Vauban, humaniste, précurseur du siècle des Lumières, BoD*
- *Père et fils sur le Caminho Português, de Lisbonne à Fistera par Fátima et Saint-Jacques-de-Compostelle, BoD*
- *Le Chien de Saint-Jacques, BoD*
- *Sur les pas de Sigéric, la Francigena de Calais à Aoste, BoD*
- *Au cœur du Moyen Âge, dix siècles d'histoire, BoD*
- *Des ovnis dans le ciel de Bourgogne, BoD*
- *Des ovnis dans le ciel de la Franche-Comté, BoD*
- *Secrets et légendes du Jura, BoD*
- *Haine tenace contre un républicain, BoD*
- *Hymnes des Cousins charbonniers, Temps impossibles*
- *Recettes créoles de Da ti Clé, BoD*

Mes conférences

- *Sur le chemin des Étoiles, vers Saint-Jacques-de-Compostelle*
- *Sur les pas de Sigéric, archevêque de Canterbury (Francigena)*
- *Vauban le Bourguignon, un humaniste, précurseur du siècle des Lumières*
- *Les Bons Cousins charbonniers, la fraternité des forêts*
- *Destins croisés : Dépasser un mauvais départ de sa vie ! (Expérience vécue par l'auteur)*

- *Contact : a.lequien@yahoo.fr*
- *Blog auteur : www.alain-lequien.fr*
- *Blog Compostelle : www.bourguignon-la-passion.fr*

Mes derniers ouvrages

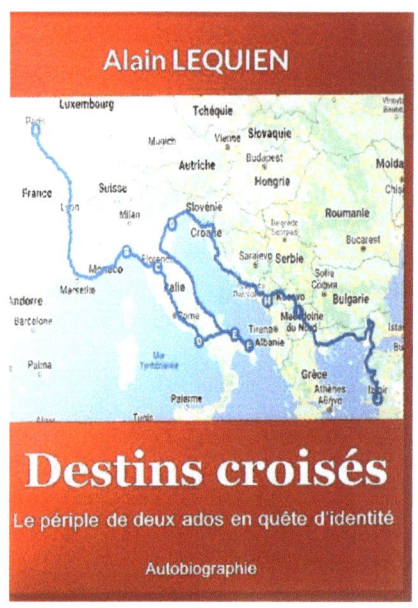

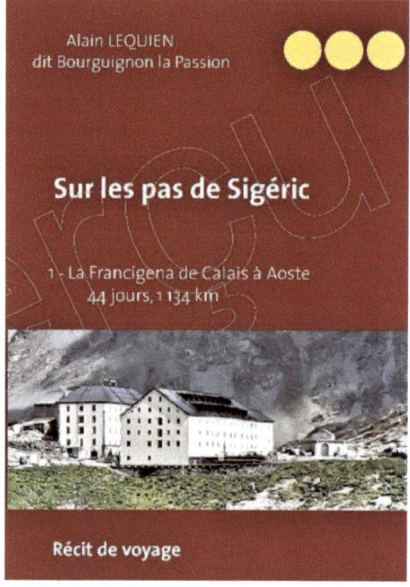

Table des matières